하나님의 뜻, 어떻게 알 수 있을까?

하나님의 뜻, 어떻게 알 수 있을까?

저자 강하룡

초판 1쇄 발행 2019. 6. 5.

발행처 도서출판 브니엘
발행인 권혁선

등록번호 서울 제2006-50호
등록일자 2006. 9. 11.

서울특별시 송파구 백제고분로28길 25 B101호 (05590)
마케팅부 02)421-3436
편집부 02)421-3487
팩시밀리 02)421-3438

ISBN 979-11-86092-94-1 03230

독자의견 02)421-3487
이메일 editorkhs@empal.com

북카페 주소 cafe.naver.com/penielpub.cafe
페이스북 www.facebook.com/penielbooks
인스타그램 @peniel_books

도서출판 브니엘은 독자들의 책에 관한 아이디어나 원고를 설레는 마음으로 기다리고 있습니다. 책으로 엮기를 원하는 아이디어가 있으신 분은 위의 이메일로 간단한 개요와 취지, 연락처 등을 보내주십시오. 머뭇거리지 말고 문을 두드리세요. 길이 열립니다.

도서출판 브니엘은 갓구운 빵처럼 항상 신선한 책만을 고집합니다.

하나님의 뜻, 어떻게 알 수 있을까?

강하롱 | 지음

● 초신자와 새신자를 위한 아주 쉬운 하나님의 뜻 찾기

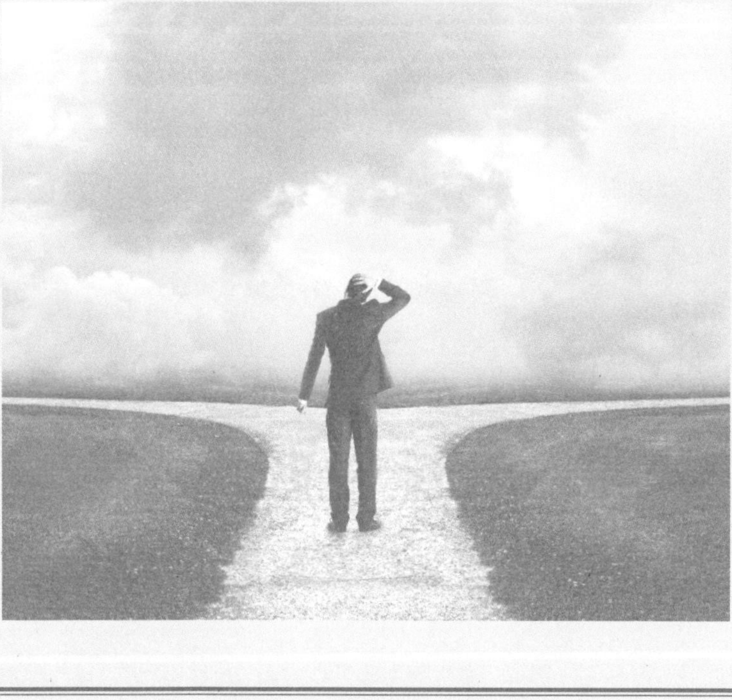

프롤로그 | 다양한 방식으로 뜻을 알려주시는 하나님

많은 성도들이 하나님의 음성을 듣고 자신을 향한 하나님의 뜻을 알고자 하는 열망이 가득하다. 이런 열정은 하나님 앞에서 매우 아름답다. 성경에서도 양이 자기 목자의 음성을 알아듣듯 성도들이 하나님의 음성을 듣는 것은 지극히 정상이라고 말한다. "내 양은 내 음성을 들으며 나는 그들을 알며 그들은 나를 따르느니라"(요 10:27).
하지만 여전히 많은 성도들에게 하나님의 음성을 듣는 것이 무엇인지, 어떻게 하나님의 뜻을 알 수 있는지 모호하고 어렵게 느껴진다. 그들 중 일부는 하나님의 음성을 들었다는 사람들을 의심 반, 부러움 반으로 바라보기도 한다. 이 책이 그 모호함에 선명한 빛을 던지는 길잡이가 될 것이다.
이 책은 몇 가지 장점이 있다. 먼저는 성도들이 이해하고 적용하기 쉽도록 다양한 사례를 풍부하게 실었다는 점이다. 성경에 나오는 이야기, 기독교 역사 속 인물의 이야기, 그리고 나와 내 주변의 목회자와 성도들의 실제 사례들을 실었다. 사생활을 보호하고자 약간 각색한 점을 제외하고 모두 신뢰할 수 있는 사람들이 경험한 실제 이야기들이다.

그리고 하나님의 뜻을 분별할 수 있는 다양한 방법을 단순 나열식이 아니라 세 그룹으로 나누어 체계적으로 구성하였다. 보편적인 영적 방법, 자연적인 방법, 특수한 영적 방법이라는 기준을 통해 자신의 경험을 객관적으로 점검할 수 있도록 구성하였다.

하나님의 뜻을 아는 일은 간단한 문제가 아니다. 하나님의 뜻을 충분히, 그리고 깊이 이해하기 위해서는 하나님에 대해서, 성경에 대해서 알아야 할 내용이 만만치 않다. 하지만 그렇다고 해서 하나님의 뜻을 아는 일이 몇몇 성자급(?)의 성도들에게만 주어진 특권도 아니다. 수십 년간 신앙생활을 해야만 도달할 수 있는 고차원적인 일도 아니다. 진심만 있다면 신앙 연수가 짧으면 짧은 대로, 길면 긴 대로 각각의 신앙 수준에서 하나님의 음성을 들을 수 있고, 자신을 향한 하나님의 뜻을 알 수 있다.

Part 1의 키워드는 '말씀하심'이다. 말씀이신 하나님은 항상 우리에게 말씀하신다. 하나님은 사랑하는 자녀들에게 하나님의 뜻을 자세히 알려주길 원하신다. 하나님은 자녀들이 하나님의 뜻을 알고 순종하길 원하시고 몰라도 순종하길 원하신다.

Part 2의 키워드는 '들음'이다. 성도들은 다양한 방법을 통해 하나님의 뜻을 들을 수 있다. 하나님께서 말씀하시는 다양한 방법들을 보편적인 영적 방법, 자연적인 방법, 특수한 영적 방법으로 분류하고 풍부한 사례를 실었다.

Part 3의 키워드는 '응답'이다. 하나님은 하나님의 성품과 뜻, 하나님의 때와 방법을 알려주기 위해 말씀하신다. 하나님이 말씀하실 때 우리는 항상 신속하고 온전하게 순종해야 한다.

이 책을 통해 처음 신앙을 가진 초신자들이 하나님의 음성을 듣는 영역에서 성장하기를 기대한다. 그뿐만이 아니라 하나님의 음성을 듣고자 사모하는 모든 성도, 하나님의 음성을 듣는다는 것이 무엇인지, 어떻게 들을 수 있는지 이해하고자 하는 성도, 자신을 향한 하나님의 뜻을 분별하기 원하는 성도, 자신이 들은 음성이 맞는지 확인하고자 하는 성도들에게 도움이 되길 원한다. 또한 동일한 질문을 가진 성도들을 바르게 인도하고자 하는 목회자와 리더들에게 도움이 되길 기대한다.

글쓴이 강하롱 목사

C·O·N·T·E·N·T·S
차 례

프롤로그 • 005

Part 1   하나님은 말씀하신다

1. 하나님은 우리에게 말씀하신다 • 016

- 하나님은 항상 말씀하시는 분이다
- 하나님은 다양한 방법으로 말씀하신다
- 하나님이 말씀하시는 24가지 방법

2. 하나님은 왜 말씀하시는가? • 024

- 성도들과 교제하기 위하여
- 성도들의 선택을 돕기 위하여
- 성도들을 위기에서 구원하기 위하여
- 성도들의 죄를 경고하시기 위하여
- 하나님의 자녀로 부르시기 위하여

Part 2 하나님의 음성을 들으라

3. 보편적인 영적 방법을 사용하라 • 041

- 성경, 이 문제에 대해 성경은 무엇이라 말씀하는가?
- 기도, 기도하는 가운데 드는 생각이나 감동이 있는가?
- 성령의 내적 감동, 마음속에 잔잔한 감동이 있는가?
- 찬양, 가사와 멜로디를 통한 인도하심이 있는가?
- 사람, 리더에게 현명한 조언을 구해보았는가?
- 경건서적, 책을 통해 깨닫게 하시는 것이 있는가?
- 환경, 하나님을 통해 주위 환경을 보라
- 영적 이정표, 인도하심이 특정 방향을 가리키는가?

4. 자연적인 방법을 확인하라 • 093

- 자연법칙, 자연법칙의 관점에서 바라볼 필요가 있는가?
- 자기 판단, 성경 안에서 내가 결정할 문제인가?
- 양심, 내 양심이 무엇이라 말하는가?
- 소원, 하나님이 주신 선한 소원이 있는가?
- 기질, 무엇이 나의 기질에 더욱 잘 부합되는가?
- 소유, 내게 이미 주신 것은 어떤 의미가 있는가?
- 재능과 적성, 재능과 적성에 맞는 일인가?
- 사랑과 신앙, 신앙 안에서 서로 사랑하고 있는가?

5. 특수한 영적 방법을 인정하라 • 125

- 마음의 압박을 통해 강제하시는 경우도 있다
- 나의 선택과 관련된 영적인 꿈이 있는가?
- 하나님께서 보여주신 환상이 있는가?
- 온몸으로 들리는 하나님의 음성이 있는가?
- 하나님에게 받은 초자연적인 사건이 있는가?
- 예언을 통해서 말씀하시는 것이 있는가?
- 천사를 통해서 말씀하시는 것이 있는가?
- 생각해봐야 할 초자연적인 인도하심이 있는가?

Part 3 하나님의 음성에 응답하라

6. 하나님의 뜻을 분별하라 • 166
- 하나님은 하나님 자신을 계시하신다
- 하나님의 뜻, 미래인가 현재인가?
- 하나님의 뜻, 점인가 범위인가?
- 하나님의 뜻, 결과인가 과정인가?

7. 신속하고 온전하게 순종하라 • 183
- 신속하고 온전하게 순종하라
- 현실적인 대안으로 순종하라
- 점진적인 대안으로 순종하라
- 순교적인 결단으로 순종하라

▶ 특별수록 : 작은 일상에서 만난 크신 하나님 • 203

How?

P·A·R·T·1
하나님은 말씀하신다

* * * * *

Part 1의 키워드는 '말씀하심'이다. 하나님은 항상 우리에게 말씀하신다. Part 1에서는 하나님께서 자신의 뜻을 성도들에게 보내시고, 성도들이 다양한 방법을 통해 듣게 되는 원리를 설명한다.

1장의 주제는 '말씀하시는 하나님'이다. 하나님은 항상 말씀하시는 분이다. 지금도 우리에게 말씀하고 계시며, 우리가 알아듣기를 원하신다.

2장의 주제는 '하나님께서 말씀하시는 목적'이다. 하나님은 성도들과 교제하기 위하여, 성도들의 선택을 돕기 위하여, 성도들을 위기에서 구원하기 위하여, 성도들의 죄를 경고하시기 위하여, 하나님의 자녀로 부르시기 위하여 말씀하신다.

하나님은 우리에게 말씀하신다

세계적인 대문호 톨스토이는 자신의 저서 「구두 수선공이 만난 하나님」에서 구두 수선공인 마르틴이 하나님을 만나는 사건을 감동적으로 묘사하고 있다. 구두 수선공 마르틴은 아내도, 자식도 모두 죽어 쓸쓸하게 살고 있었다. 마르틴은 외로움을 잊고자 매일 밤마다 성경을 읽었다. 성경을 읽으면 읽을수록 하나님께서 자기에게 무엇을 요구하고 계시는지, 하나님을 위하여 살려면 어떻게 해야 하는지를 분명히 깨닫게 되었다.

어느 날 밤, 마르틴은 성경에서 예수님이 바리새인의 집을 방문하신 사건을 읽고 있었다. 그 바리새인은 예수님을 아주 소홀히 대접했다. 이렇게 생각하다 마르틴은 피곤을 이기지 못하고 꾸벅꾸벅 졸았다. 그렇게 졸고 있을 때 갑자기 누군가 속삭이듯 "내일 찾아갈 테니 기다려라"고 두 번씩이나 말했다.

다음 날, 마르틴은 그 꿈을 기억하고 예수님의 방문을 기다렸다. 그는 차갑고 매서운 바람이 부는 창밖을 바라보았다. 창밖으로 낡은 장화를 신고 헐벗은 늙은 병사가 다가왔다. 늙은 병사는 삽으로 눈을 치우기 시작했다. 마르틴은 병사를 따뜻한 구둣방으로 초대해서 뜨거운 차를 대접했다. 병사는 마르틴의 섬세한 배려에 눈물을 흘리며 고마워했다.

조금 후에 허술한 차림새로 아기를 안은 여자가 문밖에서 추위에 벌벌 떨고 있었다. 이번에도 마르틴은 아기와 엄마를 구둣방으로 초대했다. 아기와 엄마에게 따뜻한 스프를 대접하고 언 몸을 녹일 수 있도록 도와주었다. 마르틴은 두꺼운 외투와 돈까지 선물로 주었다. 엄마는 눈물을 흘리며 감사했다.

그날 밤, 어두운 구둣방 구석에서 낮에 만났던 사람들의 환영이 나타났다 사라지며, "그 사람은 나였다"라는 목소리가 반복해서 들렸다. 사람들의 환영이 나타날 때마다 마르틴에게 미소를 지었다.

마르틴의 마음속에는 기쁨이 넘쳤다. 그는 안경을 쓰고 펼쳐져 있던 성경을 다시 읽기 시작했다. 성경에는 "내가 주릴 때에 너희가 먹을 것을 주었고 목마를 때에 마시게 하였고 나그네 되었을 때에 영접하였고"(마 25:35), "내가 진실로 너희에게 이르노니 너희가 여기 내 형제 중에 지극히 작은 자 하나에게 한 것이 곧 내게 한 것이니라"(마 25:40)고 쓰여 있었다.

하나님은 항상 말씀하시는 분이다

　　　　　　삼위일체 하나님은 말씀하시는 하나님이시다. 성자이신 예수 그리스도는 말씀 그 자체이시다. "태초에 말씀이 계시니라. 이 말씀이 하나님과 함께 계셨으니 이 말씀은 곧 하나님이시니라"(요 1:1). 말씀이신 예수님은 사람의 모습으로 이 땅에 오셨다. 성경 말씀 전체가 예수님을 증거하고 있다.

　성부 하나님께서 말씀하시기 시작하심으로 세상은 창조되었다. "하나님이 이르시되 빛이 있으라 하시니 빛이 있었고"(창 1:3). 태초부터 지금까지 하나님께서 일하시는 방식은 여전히 '말씀하심'이다. 하나님의 권세와 능력은 말씀하신 대로 온 우주에서 성취되었다.

　성령 하나님은 말씀의 영, 진리의 영이시다. 진리로 우리를 보호하고 인도하는 분이시다. "그러나 진리의 성령이 오시면 그가 너희를 모든 진리 가운데로 인도하시리니 그가 스스로 말하지 않고 오직 들은 것을 말하며 장래 일을 너희에게 알리시리라. 그가 내 영광을 나타내리니 내 것을 가지고 너희에게 알리시겠음이라"(요 16:13-14).

　삼위일체 하나님은 지금도 말씀하심으로 일하고 계신다. 하나님은 말씀하심으로 우리를 구원으로 이끄신다. 우리가 거듭난 것은 살아 있고 항상 있는 하나님의 말씀으로 되었다(벧전 1:23). 하나님은 말씀으로 우리를 예수님을 닮은 성숙한 신앙으로 이끄신다. 갓난아기들이 엄마의 젖을 갈망하듯 성도들은 순전하고 신령한 젖인 말씀을 사모할 때 비로소 성숙함에 이르게 된다. "갓난아기들같이 순전하고 신령한 젖을 사모하라. 이는 그로 말미암아 너희로 구원에 이르도록 자라게 하려 함이라"(벧전 2:2).

하나님은 지금 이곳에서 현재를 사는 우리에게도 구체적이고 개인적으로 말씀하고 계신다. 이와 관련해서 기독교 사상가 달라스 윌라드는 자신의 저서 「하나님의 음성」에서 이렇게 말한다. "사람들의 신앙적 행로를 망치는 가장 해로운 일 가운데 하나는 말할 것도 없이 하나님이 그들을 구체적으로, 개인적으로, 알기 쉽게, 의식적으로 대해주시지 않을 것이라고 생각하는 것이다."

그렇다면 '말씀하시는 하나님'은 우리에게 어떤 의미가 있는가? 그것은 우리가 하나님의 대화 상대가 됨을 뜻한다. 누군가 말하려면 들을 상대가 있어야 한다. 하나님은 당신의 백성들에게 항상 말씀하셨다. 아브라함에게, 이삭에게, 야곱에게, 요셉에게, 모세에게, 다윗에게, 그리고 다니엘에게 끊임없이 말씀하셨다.

성도들은 하나님이 말씀하실 때 그 음성을 들을 수 있는가? 그렇다. 성도들은 하나님의 음성을 충분히 알아들을 수 있다. '말씀하시는 하나님'은 성도들이 하나님의 말씀을 알아듣기를 기대하시고, 알

알아듣도록 말씀하신다.

　성도들은 왜 하나님의 음성을 들어야만 하는가? 성도들은 하나님의 자녀이고, 하나님의 백성이며, 하나님의 어린양이기 때문이다. 사랑이 풍성한 부모와 소통하지 못하는 자녀는 없고, 어진 왕과 소통하지 못하는 백성도 없다. 또한 푸른 초장과 시원한 물가로 인도하는 목자의 음성을 알아듣지 못하는 어린양도 없다.

　모든 성도는 하나님의 음성을 들을 수 있다. 하나님의 음성을 듣는 것은 몇몇 성도들에게만 주어진 특권이 아니다. 홍성건 목사는 자신의 저서 「왕의 음성」에서 하나님은 말씀하시는 분이기에 "하나님의 음성을 듣는다는 것은 특별한 사람에게만 주어진 특혜가 아니라 당신의 자녀들에게 모두 말씀하신다"라고 강조했다.

하나님은 다양한 방법으로 말씀하신다

　　　　　하나님은 지금까지 나에게도 여러 가지 방식으로 말씀하셨다. 성경을 통해, 기도를 통해, 내적인 감동으로, 사람을 통해, 찬양을 통해, 환경을 통해, 양심으로, 기질로, 재능과 적성으로, 내적 압박감을 통해, 꿈을 통해, 환상을 통해, 초자연적인 표적으로, 예언 등 다양한 방식으로 말씀하셨다.

하나님은 선택의 순간에 내가 올바른 선택을 할 수 있도록 다양한 방식으로 도우셨다. 처음 취직한 회사에서 이직하고 싶었을 때 한 번은 성경 말씀을 통해 거절하셨고, 다른 한 번은 환경을 통해 막으셨다. 신학대학원 진학을 고민할 때도 청년부 담당목사님을 통해 확신을 주셨다. 내가 첫 번째 책을 쓰고 출판할 때도 내 마음의 간절한 소원을 통해 일을 이루셨다. 교회 개척을 하던 때에도 환경은 아닌 것처럼 느껴졌지만 하나님은 길을 열어주셨다.

내가 직접 경험한 사건들뿐만 아니라 성도들을 양육하면서 간접적으로 경험한 일들도 많다. 성도들이 배우자를 선택하는 과정 가운데 하나님은 인도하셨다. 성도들이 회사에서 이직, 퇴직의 문제 가운데서 고민할 때도 하나님은 각각의 상황에 따라 다양하게 길을 열어주셨다. 성도들이 어렵고 힘들 때 하나님은 말씀으로 인도하시어 문제를 해결해주신 적도 많았다. 여기에 관련된 이야기들은 Part 2에서 자세히 나눌 것이다.

하나님은 성도들에게 하나님이 어떤 분이신지를 알려주신다. 하나님은 자신이 기뻐하시는 뜻이 무엇인지를 알려주시고, 우리의 기도 제목에 대한 하나님의 때와 방법도 알려주신다. 이를 통해 성도들과 교제하시고, 선택을 도우시며, 성도들을 위기에서 구원하시고, 성도들의 죄를 경고하신다. 그리고 우리의 삶 가운데 하나님의 뜻을 이루신다.

하나님이 말씀하시는 24가지 방법

교회에서 누가 하나님의 음성을 들었다고 간증하는 경우가 있다. 그 간증을 듣는 사람들은 "음성을 들었다"라는 표현 때문에 하나님이 귀에 들리는 음성으로 말씀하셨을 것이라고 짐작한다. 대부분 하나님의 음성을 듣는 일에 대해 모호하게 느끼기 때문이다.

기독교 작가들은 지금까지 하나님께서 사람에게 어떻게 말씀하시는지, 또 사람은 어떻게 하나님의 음성을 들을 수 있는지에 대해 많은 연구를 해왔다. 그들의 연구를 살펴보면 하나님께서 말씀하시는 방법이 매우 다양함을 알 수 있다. 그 연구 내용은 책의 뒤편에 〈하나님의 음성을 듣는 방법에 대한 다양한 연구〉로 정리했다.

나 역시 하나님께서 다양한 방법으로 말씀하시며 인도하는 것을 경험했다. 나의 체험과 연구를 바탕으로 '하나님의 음성을 들을 수 있는 방법'으로 보편적인 영적 방법 8가지, 자연적인 방법 8가지, 특수한 영적 방법 8가지를 제안했다. 각각의 방법에 성경적인 사례, 교회사적인 사례, 성도들이 최근에 경험한 사례 등을 풍부하게 실었다.

보편적인 영적 방법은 대부분의 크리스천들이 보편적으로 경험할 수 있다. 성경, 기도, 성령의 내적 감동, 찬양, 사람, 경건서적, 환경, 그리고 영적 이정표 방법 등이 이에 해당한다. 앞서 소개했듯이 하나님의 뜻을 분별하는 방법으로 보편적인 영적 방법 외에도 자연적인 방법이나 특수한 영적 방법이 있다. 하나님은 이 모든 방법을 자유롭게 사용하시는데, 주로 보편적인 영적 방법을 통해 우리에게 말씀하시는 경향이 잦다.

보편적인 영적 방법 중 성경과 기도, 성령의 내적 감동은 특히 중요하다. 왜냐하면 이 세 가지는 그 자체로 사용되는 독립적인 방법이면서 동시에 다른 방법에서도 함께 나타나는 특징이 있기 때문이다.

하나님의 음성을 들을 수 있는 방법

중분류	소분류
보편적인 영적 방법	성경, 기도, 성령의 내적 감동, 찬양, 사람, 경건서적, 환경, 영적 이정표 방법
자연적인 방법	자연법칙, 자기 판단, 양심, 소원, 기질, 소유, 재능과 적성, 사랑과 신앙
특수한 영적 방법	내적 압박감, 꿈, 환상, 거룩한 음성, 초자연적인 표적, 예언, 천사, 기타 초자연적인 방법

CHAPTER. 2

하나님은 왜 말씀하시는가?

1735년, 감리교 창시자인 존 웨슬리는 동생 찰스와 함께 미국 조지아로 선교여행을 떠났다. 대서양을 횡단하는 동안 폭풍우를 만나 배가 전복될 위험에 처했다. 존 웨슬리는 죽음의 공포 속에서 두려움에 떨었다. 그때 그는 자신과는 전혀 다르게 조용히 찬송가를 부르는 모라비아 형제 단원들의 모습을 보고 큰 감동과 충격을 받았다. 웨슬리는 이들에게 물었다.
"죽음이 두렵지 않습니까?"
그러자 그들은 너무나 평온한 얼굴로 이렇게 대답했다.
"죽음은 두렵지 않습니다. 오히려 하나님께 감사할 뿐입니다."
수년 간 조지아에서 선교사역을 하던 웨슬리는 별다른 열매 없이 영국으로 귀국했다. 런던으로 돌아온 그는 배에서 알게 된 모라비아 형제단의 모임에 초대를 받아 참석하게 되었다. 모임에서 누군가가 루터의 로마서 주해를 낭독했다. 그 사람은 그리스도 안에 있는 믿음을 통해 하나님이 마음에 변화를 일으키시는 일을 설명했다. 그 순간, 웨슬리는 뜨거운 회심을 경험하게 되었다.

웨슬리는 마음이 이상하게 뜨거워지는 것을 느꼈다. 예수님이 자신을 죄와 죽음의 법에서 구원하셨다는 확신을 얻었다. 웨슬리는 즉시 마음에서 경험한 일을 그곳에 모인 사람들에게 간증했다.

성도들과 교제하기 위하여

하나님께서 말씀하시는 가장 중요한 이유는 성도와 교제하기 위해서다. 아버지 되신 하나님은 자녀인 우리를 사랑하신다. 남편 되신 예수님은 신부된 교회를 사랑하신다. 사랑하는 사람과 교제하고자 하는 것은 특별한 다른 이유가 필요하지 않다. 사랑하기 때문에 만나고 싶고, 말하고 싶고, 함께 있고 싶은 것이다.

하나님이 사람을 창조하신 목적은 사람과 교제하기 위해서다. 하나님은 지금도 사랑하는 성도들과 교제하기를 원하신다. 홍성건 목사는 자신의 저서 「왕의 음성」에서 "무한하시고 인격적이신 하나님과 유한하며 인격적인 성도가 서로 소통을 한다는 사실은 은혜이다. 하나님은 우리와 교제하기 위하여 그분의 형상대로 지었다"라고 말했다.

중소기업에 다니는 박창식 형제는 이직을 고민하는 과정에서 하나님의 음성을 들었다. 창식 형제는 최근 1년 동안 회사 사장으로부터 스트레스를 많이 받았다. 사장이 유독 자기에게만 사소한 일에도 면박을 주었기 때문이었다. 그래서 회사에 계속 남아 있는 게 하나님의 뜻인지, 떠나는 게 하나님의 뜻인지 진지하게 기도하기 시작했다.

그러던 어느 날 아침, 출근 전에 큐티(Q.T.)를 하다가 성경 말씀에서 은혜를 받았다.

"두려워하지 말라. 내가 너와 함께함이라. 놀라지 말라. 나는 네 하나님이 됨이라. 내가 너를 굳세게 하리라. 참으로 너를 도와주리라. 참으로 나의 의로운 오른손으로 너를 붙들리라"(사 41:10).

형제는 기도할 때마다 이 말씀이 생각나면서 감동을 받았다. 그래서 이 말씀이 하나님께서 자기에게 주신 말씀임을 확신했다. 하지만 약간 이해하기 힘든 부분이 있었다. 형제는 하나님께 "회사를 떠날까요, 아니면 남을까요?"라고 질문했기에 하나님의 응답이 "가라" 혹은 "남아라"고 말씀하실 것으로 기대했다. 그러나 하나님은 반복해서 "내가 너와 함께하겠다"라고만 감동을 주셨다.

이 문제를 놓고 기도하던 중에 창식 형제는 하나님께서 말씀하신 의도를 깨달았다. 자신이 회사를 떠나거나 남거나 하는 건 중요하지 않다는 사실을 알았다. 남든지 떠나든지 하나님께서 함께하시고, 하나님과 함께하는 일이 중요하다는 점을 깨달았다. 형제는 함께하겠다고 약속하신 하나님께 감사와 찬양을 드렸다.

"하나님, 이 상황에서 하나님의 뜻은 무엇입니까?"라고 질문할 때 창식 형제의 경우처럼 하나님은 보편적으로 "내가 너와 함께하고 있다"는 감동을 주신다. 성도의 입장에서는 "A를 선택하라", 혹은 "B를 선택하라"는 속시원한 답변을 원한다. 하지만 하나님은 "내가 너와 함께하고 있다. 걱정하지 말라"는 답변으로 충분하다고 여기신다. 성도와의 교제를 위한 음성은 무엇을 선택하라는 음성보다 더욱 본질적이고 우선한다.

성도들의 선택을 돕기 위하여

하나님께서 말씀하시는 또 한 가지 이유는 성도들의 선택을 돕기 위해서다. 성도의 입장에서는 선택의 순간에 무엇을 선택해야 할지가 매우 중요하다. 그리고 하나님은 이 사실을 충분히 아신다. 하나님의 뜻이 둘 중 하나를 선택하는 일이라면 하나님은 무엇을 선택해야 하는지 분명하게 말씀하신다.

하나님께서 오늘날에도 말씀하시는 이유에 대해 찰스 스탠리 목사는 「하나님의 음성을 듣는 법」에서 "무엇보다 하나님께서 구약과 신약시대의 사람들을 사랑하신 것처럼 우리들을 사랑하시기 때문이다"라고 말하며, "오늘날의 우리들에게도 삶을 이끄시는 분명하고 세밀한 하나님의 인도가 필요하기 때문이다"라고 덧붙인다.

요셉은 마리아와 약혼하고 동거하기 전에 마리아가 임신했다는 소식을 들었다(마 1:18). 요셉은 의로운 사람이라 마리아를 정죄하지 않기로 결정했다. 마리아가 임신했다는 소식을 사람들에게 알리면 마리아는 돌에 맞아 죽게 되기 때문이었다. 요셉은 마리아를 배려하여 조용히 파혼하고자 했다.

요셉이 이 일로 고민할 때 꿈속에서 주의 천사가 나타났다. "다윗의 자손 요셉아 네 아내 마리아 데려오기를 무서워하지 말라. 그에게 잉태된 자는 성령으로 된 것이라. 아들을 낳으리니 이름을 예수라 하라. 이는 그가 자기 백성을 그들의 죄에서 구원할 자이심이라 하니라"(마 1:20-21). 요셉은 천사의 말을 통해 하나님께서 하신 일을 알게 되었고, 마리아를 아내로 맞이하라는 하나님의 뜻에 순종하였다. 요셉이 선택의 순간에 하나님은 분명하게 하나님의 뜻을 알려주셨다.

대학에서 법을 전공하는 최소라 자매는 법대 기도모임의 리더로 세워지는 과정에서 하나님의 인도하심을 경험했다. 소라 자매는 법대 안에서 신실한 선배 언니를 만나 학업과 신앙에서 많은 도움을 받았다. 선배 언니는 법대 기도모임의 리더였기에 소라 자매도 자연스럽게 기도모임에 동참했다. 모임에 참여하고 3년 정도 지나자 선배 언니는 졸업할 때가 되었다. 언니는 소라 자매에게 법대 기도모임의 리더 자리를 물려받도록 권했다. 소라 자매는 자신이 많이 부족하다고 생각했기에 부담스럽다며 여러 번 사양했다.

어느 날, 오전 수업이 없는 날이었다. 두 자매는 학교 앞 카페에서 커피를 마시며 큐티 말씀을 묵상했다. 그날의 본문은 누가복음 1장이었다.

> "엘리사벳이 마리아가 문안함을 들으매 아이가 복중에서 뛰노는지라. 엘리사벳이 성령의 충만함을 받아 큰소리로 불러 이르되 여자 중에 네가 복이 있으며 네 태중의 아이도 복이 있도다"(눅 1:41-42).

이 말씀을 함께 읽는 순간, 두 자매는 하나님께서 말씀하고 계심을 직감적으로 알았다. 엘리사벳에게 세례 요한을 잉태하는 은혜를 주신 하나님께서 6개월 뒤에는 성령으로 마리아를 잉태시키셨다.

자매들은 하나님의 은혜가 엘리사벳에게로, 그리고 마리아에게로 흘러감을 보았다. 소라 자매는 하나님의 은혜가 이전에는 선배 언니에게로, 지금은 자기에게로 흘러옴을 깨달았다. 소라 자매는 엘리사벳과 마리아의 본문을 묵상하면서 선배 언니를 뒤이어 기도모임을 섬기기로 결정했다.

성도들을 위기에서 구원하기 위하여

하나님께서 말씀하시는 또 다른 이유는 성도들을 돕거나 위기에서 구원하기 위해서다. 시편 기자는 하나님을 이렇게 고백했다. "그가 그의 말씀을 보내어 그들을 고치시고 위험한 지경에서 건지시는도다"(시 107:20). 성도들 또한 세상 사람들과 비슷하게 이 세상에서 고통을 당하며 살아간다. 성도들이 하나님께 부르짖을 때 하나님께서 그들을 고통에서 구원하신다. 특별히 말씀을 보내시고, 말씀을 통해 성도들을 위험한 지경에서 구원해주신다.

헤롯 왕이 아기 예수를 잡아 죽이려 할 때 천사가 요셉의 꿈에 나타났다. 천사는 "헤롯이 아기를 찾아 죽이려 하니 일어나 아기와 그의 어머니를 데리고 애굽으로 피하여 내가 네게 이르기까지 거기 있으라"(마 2:13)고 알려주었다. 헤롯 왕이 죽고 나자 역시 천사가 꿈에 요셉에게 "일어나 아기와 그의 어머니를 데리고 이스라엘 땅으로 가라. 아기의 목숨을 찾던 자들이 죽었느니라"(마 2:20)며 돌아갈 때를 가르쳐주었다.

평소 몸이 약했던 오승희 집사는 예배 가운데 병이 치유된 경험을 했다. 한 주간 동안 업무 스트레스를 과도하게 받은 탓인지 주말이 되자 대상포진이 도졌다. 대상포진은 한 번 발병하면 처음에는 콕콕 쑤시다가 하루 정도 지나면 송곳으로 후비듯 아파온다. 고통이 시작되면 진통제를 먹거나 주사를 맞지 않으면 가라앉지 않는다.

이번에는 토요일부터 고통이 시작되었다. 오 집사는 주일 아침 분주하던 차에 미처 약을 먹지 못한 채 예배드리러 교회에 왔다. 예배를 준비하며 앉아 있는데 간간히 송곳으로 후벼 파는 고통을 느끼기 시작했다. 오 집사는 하나님께 통증을 치료해주시도록 간절히 기도드렸다.

오 집사는 통증을 이기려 애쓰면서 찬양에 집중했다. 그런데 갑자기 온몸에 뜨거운 느낌을 받았다. 그 순간, 통증의 긴장감이 사라지면서 오 집사의 마음에 평안이 임했다. 찬양을 드릴수록, 설교를 들을수록, 시간이 흐를수록 통증은 서서히 사라졌다. 예배를 마칠 때쯤에는 통증이 거의 줄어들었고, 집에 도착했을 때는 아팠다는 사실조차 잊게 되었다. 오 집사가 경험한 첫 번째 치유의 은혜였다.

태어나면서부터 오 집사는 몸이 약했다. 특히 천식과 신경통의 치유를 위해 오랜 시간 기도해왔고, 지금까지는 약의 도움으로 조금씩 관리하며 조심하면서 살아왔다. 치유의 응답이 없을 때는 속상한 마음이 생기기도 했지만, 비록 한 번이지만 치유의 은혜를 경험한 지금은 살아계신 하나님께서 자기의 고통을 알고 계신다는 사실에 감사했고, 또 자신의 오랜 기도에 응답해주심에 감격했다.

성도들의 죄를 경고하시기 위하여

하나님께서 말씀하시는 이유는 성도들의 회개를 촉구하기 위해서다. 하나님께서 죄인들에게도 말씀하심은 그들이 회개하여 살 수 있도록 기회를 주시기 위함이다.

구약성경에는 선지자를 통해 이스라엘 백성들의 회개를 촉구한 사례가 많이 나온다. 하나님은 에스겔 선지자를 통해 "주 여호와의 말씀이니라. 이스라엘 족속아 내가 너희 각 사람이 행한 대로 심판할지라. 너희는 돌이켜 회개하고 모든 죄에서 떠날지어다. 그리한즉 그것이 너희에게 죄악의 걸림돌이 되지 아니하리라"(겔 18:30)고 선포하셨다.

하나님은 비록 악인이라 할지라도 그들의 죽음을 기뻐하지 않으신다. 악인들이 그 악한 길에서 떠나 진리의 길로 가기를 원하신다. 하나님은 진심으로 죄인들이 사망의 길에서 떠나 생명의 길로 가기를 바라신다(겔 18:23).

세례 요한의 외침은 하나님이 죄를 경고하신 좋은 사례이다. 많은 바리새인과 사두개인들이 하나님의 뜻을 듣고자 그에게 찾아왔다. 세례 요한은 그들에게 "독사의 자식들아 누가 너희를 가르쳐 임박한 진노를 피하라 하더냐. 그러므로 회개에 합당한 열매를 맺고 속으로 아브라함이 우리 조상이라고 생각하지 말라. 내가 너희에게 이르노니 하나님이 능히 이 돌들로도 아브라함의 자손이 되게 하시리라"(마 3:7-9)고 외치며, 회개를 촉구했다.

당시 많은 바리새인과 사두개인들은 하나님 앞에서 심각한 죄인이었다. 자기들의 의만 내세우고 하나님의 본심을 따르는 데 실패했기 때문이었다. 자비로우신 하나님은 세례 요한을 통해 그들에게도 회개하고 살 수 있는 기회를 주셨다.

하나님의 자녀로
부르시기 위하여

하나님은 사람들을 당신의 자녀로 초청하기 위해 말씀하시는 경우도 있다. 하나님을 알지 못하고 살아가는 사람들에게 하나님은 다양한 경로를 통해 지속적으로 부르신다.

새찬송가 305장 "나 같은 죄인 살리신"(어메이징 그레이스)의 작

사자 존 뉴턴은 1725년 영국 런던에서 선장의 아들로 태어났다. 하지만 그가 일곱 살이 되던 해에 독실한 크리스천이었던 어머니가 세상을 떠나자, 그의 인생은 어두워지기 시작했다. 그는 10대의 어린 나이에 선장인 아버지를 따라 거친 선원생활을 시작했다. 그는 10대 후반에 해군에 입대했으나 엄격한 생활에 싫증이 났다. 한번은 탈영하다 잡혀 매를 맞고 면직되기도 했다. 뉴턴이 사고를 계속 일으키자 선장은 그를 노예로 팔아버렸다. 다행히 그는 영국 무역선에 의해 구출되었다. 이 배에서 뉴턴은 토마스 아 켐피스가 쓴 「그리스도를 본받아」라는 책을 읽고 감명을 받았다.

하지만 뉴턴은 오히려 노예 상선의 선장이 되어 한동안 노예를 사고팔았다. 그러던 어느 날, 노예무역을 끝내고 고향으로 돌아오던 중이었다. 심한 폭풍우를 만나 생명이 위태로운 상황이 되었다. 그때 그는 자신도 모르게 "주여, 우리에게 자비를 주소서!"라고 부르짖었다. 그는 죽음을 두려워했고, 죽음의 순간에 하나님을 찾았다. 그는 '내가 오랫동안 대적해 온 성경 말씀이 사실이라면 나는 어떻게 되지?'라는 생각 때문에 두려움에 사로잡혔다. 그때 그동안 자신이 방탕한 생활을 하며 지은 수많은 죄악이 눈앞에 선명하게 보이며 자신 죄의 심각함을 인식하게 되었다.

폭풍우에서 기적적으로 구원받은 뉴턴은 누가복음 15장에 나오는 탕자의 비유를 읽다가 자신이 마치 그 탕자의 모습과 같다고 생각했다. 탕자를 용납하신 아버지의 모습을 통해 자신을 용서해주시는 하나님의 모습을 보게 되었다. 그때 그는 자신의 모든 죄악을 용서해주시는 예수 그리스도를 만났다. 그는 하나님의 놀라운 은혜를 찬송가 가사로 작사했고, 성공회 사제로 남은 인생을 하나님에게 헌신했다.

하나님은 신실한 어머니를 통해, 토마스 아 켐피스의 책을 통해, 수많은 위험에서 기적적으로 구출함으로써, 탕자의 비유를 통해 끊임없이 뉴턴을 하나님의 자녀로 부르셨던 것이다.

How?

P·A·R·T·2

하나님의 음성을 들으라

✻ ✻ ✻ ✻ ✻

Part 2의 키워드는 '들음'이다. 성도들은 다양한 방법을 통해서 하나님의 음성을 들을 수 있다. Part 2에서는 하나님이 말씀하시는 다양한 방법을 보편적인 영적 방법, 자연적인 방법, 특수한 영적 방법으로 분류하고, 풍부한 사례를 들어 쉽게 이해할 수 있도록 했다.

3장의 주제는 보편적인 영적 방법이다. 보편적인 영적 방법에는 성경, 기도, 내적 감동, 찬양, 사람, 경건서적, 환경, 영적 이정표 등이 있다. '보편적인 영적 방법'이라 이름을 붙인 이유는 우리가 보편적으로 경험할 수 있는 통로이기 때문이다. 하나님은 모든 방법을 자유롭게 사용하시지만 주로 이 방법을 통해 많이 말씀하신다.

4장의 주제는 자연적인 방법이다. 자연적인 방법에는 자연법칙, 자기 판단, 양심, 소원, 기질, 소유, 재능과 적성, 사랑과 신앙 등이 있다. 자연적인 방법은 성도뿐만 아니라 비신자 모두에게도 공통적으로 사용하시는 방법이다. 보편적인 영적 방법과 특수한 영적 방법이 하나님의 특별 은총이라면 자연적인 방법은 일반 은총에 속한다.

5장의 주제는 특수한 영적 방법이다. 특수한 영적 방법에는 내적 압박감, 꿈, 환상, 거룩한 음성, 초자연적인 표적, 예언, 천사, 기타 초자연적인 방법 등이 있다. 여기에 해당하는 방법들은 성경적인 근거도 있을 뿐만 아니라 지금도 여전히 경험되는 방식이다. 다만 보편적인 영적 방법에 비해 보편성이 떨어지며 빈도가 높지 않다고 할 수 있다.

CHAPTER. 3

보편적인 영적 방법을 사용하라

초기 기독교의 대표적인 교부였던 아우구스티누스의 회심이야기는 '내적 감동'과 '사람'을 사용하여 하나님의 뜻을 보여주신 좋은 예다. 방황하던 아우구스티누스는 387년 밀라노의 한 정원에 앉아 있었다. 그때 그는 "톨레 레게, 톨레 레게"(tolle lege, tolle lege)라는 어린아이들의 노랫소리를 듣게 되었다. 이는 라틴어로 "집어 들어서 읽어라. 집어 들어서 읽어라"는 뜻이다. 아우구스티누스는 그 소리를 하나님의 음성으로 들었다.

그는 곁에 있던 로마서를 들어 읽었다. 그때 읽은 구절이 로마서 13장 13~14절 말씀이었다.

"낮에와 같이 단정히 행하고, 방탕하거나 술 취하지 말며, 음란하거나 호색하지 말며, 다투거나 시기하지 말고, 오직 주 예수 그리스도로 옷 입고, 정욕을 위하여 육신의 일을 도모하지 말라."

육신의 정욕을 추구하지 말고 주 예수로 옷 입으라는 말씀에 아우구스티누스는 크게 감동을 받았다. 후에 그는 하나님의 음성을 들었던 그 순간을 "신앙의 빛이 내 마음에 홍수처럼 밀려 들어와 모든 의심의 어둠을 몰아내는 것 같았다"라고 고백했다.

이 문제에 대해
성경은 무엇이라 말씀하는가?

성경은 하나님이 말씀하시는 가장 중요하고도 대표적인 방법이다. 하나님이 성경을 통해 성도들을 인도하심은 분명한 사실이다. 세부적으로는 대그룹 예배시간 설교말씀, 지체들의 간증이나 나눔, 경건서적, 큐티말씀, 성경통독, 암송한 말씀 등 다양한 방식이 사용된다.

성경을 통해 말씀하시는 경우는 첫째, 특정 개인에게 특정한 상황에서 약속으로 주시는 경우가 있다. 하나님은 성도들에게 평생에 걸친 약속의 말씀, 혹은 특정 시기에 특정 문제를 해결하기 위해서 성경을 통해 말씀하신다.

하나님은 사도 바울에게 "내가 또 너를 이방의 빛으로 삼아 나의 구원을 베풀어서 땅끝까지 이르게 하리라"(사 49:6)는 말씀을 주시고, 그의 삶을 전도자이자 선교사로 살도록 이끄셨다. 사도 바울은 이 말씀을 평생의 약속의 말씀으로 받았음을 분명하게 고백했다. "바울과 바나바가 담대히 말하여 이르되 하나님의 말씀을 마땅히 먼저 너희에게 전할 것이로되 너희가 그것을 버리고 영생을 얻기에 합당하지 않은 자로 자처하기로 우리가 이방인에게로 향하노라. 주께서 이같이 우리에게 명하시되 내가 너를 이방의 빛으로 삼아 너로 땅끝까지 구원하게 하리라 하셨느니라"(행 13:46-47).

평생을 고아원 사역에 헌신한 조지 뮬러는 "그의 거룩한 처소에 계신 하나님은 고아의 아버지시며 과부의 재판장이시라"(시 68:5)는 말씀을 통해 인도함을 받았다. 뮬러는 이 말씀을 통해 하나님은 고아의 아버지시며 고아들을 돌보시는 분이라는 확신을 얻었다. 하나님은 뮬러에게 시편 말씀을 평생 약속의 말씀으로 주셨고, 그를 고아원 사역으로 이끄셨다.

결혼 후 5년 정도 아이를 갖지 못했던 최지혜 집사는 성경 말씀으로 하나님의 뜻을 깨달은 경험이 있었다. 최 집사는 아이가 생기지 않자 많이 괴로워했다. 아이를 주십사 수년 동안 기도했지만 하나님으로부터 뚜렷한 응답을 받지 못했다.

그렇게 간구하던 어느 날, 최 집사가 성경을 읽던 중이었다. "천사가 그에게 이르되 사가랴여 무서워하지 말라. 너의 간구함이 들린지라. 네 아내 엘리사벳이 네게 아들을 낳아주리니 그 이름을 요한이라 하라"(눅 1:13)는 말씀에 최 집사는 크게 감동되었다. 이 말씀이 최 집사에게는 하나님께서 아이를 주겠다고 약속하시는 음성으로 들렸다. 수년 동안 없었던 확신이 생겼다. '하나님께서 나에게 아이를 주시겠구나'라고 믿어졌다. 정말로 수개월이 지나지 않아 최 집사는 잉태했고, 건강한 아이를 출산했다.

이와는 반대로 하나님의 뜻인 줄 알면서도 불순종한 사례도 있다. 오경식 형제는 일병을 달자마자 군단 군종병이 되고 싶었다. 그는 어떻게 하면 군단 군종병이 될 수 있을까 생각해보았다. 교회에서 예배드릴 때마다 앞에서 봉사하던 대령의 도움을 받으면 자신의 뜻을 이룰 수 있으리라고 생각했다. 경식 형제는 군단 군종병을 시켜달라고 대령에게 보낼 편지를 썼다. 편지를 쓰고 나서 전달하기 위해 기회를 엿보고 있었다.

그런데 주일예배 설교에서 "여호와께서 너희를 위하여 싸우시리니 너희는 가만히 있을지니라"(출 14:14)는 말씀이 마음에 와 닿았다. 이 말씀을 묵상하면 "너는 가만히 있어라. 아직 그런 편지를 보낼 때가 아니다"라고 하나님이 말씀하시는 듯했다. 편지를 보내는 게 하나님의 뜻이 아님을 형제는 마음속으로 분명히 깨달았다.

하지만 형제는 현재의 내무반생활이 너무 힘들어서 벗어나고 싶었다. 결국 그 말씀에 불순종하고 주일날 예배 후 대령에게 편지를 전달했다. 형제는 내심 기대했지만 대령은 군단 군종병 TO가 없다는 이유로 거절했다. 결과가 거절로 나오자 형제는 후회되었다. 하나님의 말씀에도 불순종했을 뿐만 아니라 군단 군종병도 되지 못했기 때문이다. 혹시 말씀에 순종했더라면 나중에 하나님이 다른 길을 열어주시지 않았을까 아쉬움도 남았다.

성경을 통해 말씀하시는 경우는 둘째, 모든 크리스천에게 보편적인 약속으로 주시는 경우가 있다. 하나님의 약속은 우리가 믿음으로 받을 때 우리의 삶 가운데 이루어진다. "하나님의 약속은 얼마든지 그리스도 안에서 예가 되니 그런즉 그로 말미암아 우리가 아멘 하여 하나님께 영광을 돌리게 되느니라"(고후 1:20).

재정적인 문제에 대해 하나님이 성도들에게 주시는 하나님의 뜻은 마태복음 6장에 잘 나타나 있다. "그런즉 너희는 먼저 그의 나라와 그의 의를 구하라. 그리하면 이 모든 것을 너희에게 더하시리라. 그러므로 내일 일을 위하여 염려하지 말라. 내일 일은 내일이 염려할 것이요 한 날의 괴로움은 그날로 족하니라"(마 6:33-34).

평안의 문제에 대해 하나님이 성도들에게 주시는 하나님의 뜻은 마태복음 11장에 잘 드러나 있다. "수고하고 무거운 짐 진 자들아 다 내게로 오라. 내가 너희를 쉬게 하리라. 나는 마음이 온유하고 겸손하니 나의 멍에를 메고 내게 배우라. 그리하면 너희 마음이 쉼을 얻으리니 이는 내 멍에는 쉽고 내 짐은 가벼움이라 하시니라"(마 11:28-30).

그런데 여기서 우리가 주목해야 할 점이 하나 있다. 그것은 약속으로 주시는 말씀의 특징에는 "A하면 B하겠다"라는 조건이 있다는 점이다. "하나님의 나라와 그의 의를 구하라. 그리하면" "예수님의 멍에를 메고 배우라. 그리하면" 약속하신 결과를 우리의 삶 속에서 실제로 주시겠다는 조건의 약속이시다.

네비게이토의 창시자인 도슨 트로트맨은 암송 말씀을 통해 자신의 죄와 십자가의 복음을 깨달았다. 도슨의 동역자이자 「불타는 세계 비전」의 저자인 밥 포스터는 자신의 저서에서 도슨이 구원받은 사건을 기록하고 있는데, 요약하면 다음과 같다.

도슨은 주일학교를 다니지도 않았고, 경건한 어머니 품에서 자라지도 못했다. 스무 살이 되기 전까지 그는 사고를 치고, 법을 어겨 경찰에 체포되기도 했다. 하루는 도슨이 경찰에 체포되면서 하나님께 약속했다.

"하나님, 이번만 저를 이 곤경에서 벗어나게 해주시면 주일날 꼭 교회에 나가도록 하겠습니다."

하나님의 은혜로 곧바로 풀려난 도슨은 억지로 교회에 나가게 되었다. 그런데 때마침 그 교회에서 성경암송 대회를 하고 있었다. 매주 10구절씩 암송하면 점수를 얻고 승리하는 게임이었다. 도슨은 암송할 수 있도록 격려해준 여학생이 마음에 들어 열심히 20구절을 암송했다.

암송하고 나서 몇 주가 지난 어느 날 출근길이었다. 길가에서 갑자기 요한복음 5장 24절 말씀이 떠올랐다.

"내가 진실로 진실로 너희에게 이르노니 내 말을 듣고 또 나 보내신 이를 믿는 자는 영생을 얻었고 심판에 이르지 아니하나니 사망에서 생명으로 옮겼느니라."

그는 자신이 암송했던 말씀을 통해 자신이 멸망당할 죄인이며, 예수님으로 인해 용서받았음을 깨달았다. 그는 "영생을 얻었고"라는 부분에서 감동을 받았다. 그는 그 자리에서 즉시 진실되게 기도하며 주님을 영접했다.

주님을 영접한 후 도슨은 날마다 성경 말씀을 암송했다. 트럭 운전을 하면서도 하루에 한 구절씩 암송하여, 마침내 1,000구절을 암송하게 되었다. 도슨은 마음속에 하나님의 말씀을 새기는 일에 모든 힘을 쏟았다. 그는 그 일을 귀중하게 여겼다. 그는 후에 네비게이토 선교회를 창립하여 복음과 선교에 평생을 헌신했다.

삶의 무게에 지친 이경은 집사는 최근에 설교 말씀을 통해 큰 위로를 받았다. 이 집사의 몸은 힘들고 마음은 많이 지쳐 있었다. 회사에서 요구하는 매출을 달성하기도 점점 어려워졌다. 남편은 아파서

휴직을 해야 하는 상황이라 재정적인 부담감이 갑자기 더 커졌다. 이 집사가 원하는 일은 이루어지지 않았고, 오히려 원하지 않는 일들만 일어났다. 이런 상황이 지속된다면 '어느 날 갑자기 하나님을 떠날 수도 있겠구나' 하는 생각마저 들었다. 하나님께서 도와주시지 않는다는 섭섭함과 원망이 이 집사의 마음속에 있었다.

    그렇게 상황에 눌려 힘들기만 하던 어느 주일 예배시간, 그날따라 목사님의 말씀이 너무나 뚜렷하게 들렸다. 목사님의 설교를 통해 하나님의 음성이 들리는 듯했다.

> "사람이 감당할 시험밖에는 너희가 당한 것이 없나니 오직 하나님은 미쁘사 너희가 감당하지 못할 시험 당함을 허락하지 아니하시고 시험 당할 즈음에 또한 피할 길을 내사 너희로 능히 감당하게 하시느니라"(고전 10:13).

    고린도전서의 이 말씀이 이 집사의 귀에 너무나 크게 울려 퍼졌고, 화살처럼 마음에 깊이 들어와 박혔다. 그 순간 감사와 기쁨이 터져 나왔다. 자신이 왜 고통스러운지 정답을 찾았다는 확신이 들었다. 이 집사는 '내가 당한 고통을 내 힘으로만 감당하려니 그렇게 힘들었구나' 하는 깨달음이 다가왔다. '하나님이 허락하신 고난, 하나님을 의지하면 해결되겠구나. 끝내 나는 승리하겠구나' 라는 확신이 들었다.

3. 보편적인 영적 방법을 사용하라

아직 많은 문제가 해결되지 않았다. 하지만 이 집사는 매일 고린도전서 10장 13절 말씀을 붙들고 기도하면서 힘을 얻고 있다. 하나님이 함께하시고 도우신다는 믿음도 더욱 견고해졌다. 회사 업무에 대한 부담감은 많이 가벼워졌다. 실제로 상사에게 업무 성과에 대해 인정과 칭찬을 받고 있다. 다행히 모든 상황도 조금씩 좋아지고 있다. 이 집사는 무엇보다 하나님께서 주시는 평안과 미래에 대한 소망이 있음을 감사하고 있다.

성경을 통해 말씀하시는 경우는 셋째, 모든 크리스천에게 보편적인 명령으로 주시는 경우가 있다. 하나님은 성경을 통해 모든 사람에게 따라야 하는 삶의 방식을 명령하신다. 평생 추구해야 할 삶의 목적과 방향을 전해주신다. 이는 사람의 의사와 상관없이, 그렇게 생각하지 않더라도 순종해야 하는 명령이다. 이는 사람의 감정과 상관없이, 감동이 따라주지 않더라도 순종해야 하는 명령이다. 이는 사람의 선택과 상관없이, 설령 의미 있게 여겨지지 않더라도 순종해야 하는 명령이다. 하나님 사랑, 사람 사랑으로 요약되는 '큰 계명'과 제자 되고 제자 삼는 사역으로 요약되는 '지상사명'이 대표적인 말씀이다.

복지관 직원인 박지은 자매는 일상에 치여 살다가 성경을 통해 영혼 구원에 열정 없는 자신의 모습을 자각했다. 지은 자매는 밤까지 진행되는 행사업무가 많아 아침에 제대로 일어나지도 못하는 상황이 반복되고 있었다. 그뿐만 아니라 진로에 대해서도 고민하고 있었다. 맡은 업무가 수년째 반복되고 있었고, 감당할 수 없을 만큼 많은 행사로 인해 몸과 마음이 지쳐가고 있었다.

그러다 보니 자신도 모르게 직장에 대한 고민을 하게 되었다. 청소년 상담사 시험을 준비할지, 그냥 현 직장에 정규직으로 남을지. 지은 자매는 새로운 환경에 도전하고 싶은 마음이 있었지만 부장님은 직장에 남아 경력을 쌓도록 권유하셨다. 한동안 마음이 복잡하고 답답한 상태가 지속되었다.

그러던 어느 날 아침, 출근 전에 성경을 읽으며 기도하던 중 마태복음 말씀을 읽게 되었다. "천국은 마치 자기 아들을 위하여 혼인잔치를 베푼 어떤 임금과 같으니 그 종들을 보내어 그 청한 사람들을 혼인잔치에 오라 하였더니 오기를 싫어하거늘 다시 다른 종들을 보내며 이르되 청한 사람들에게 이르기를 내가 오찬을 준비하되 나의 소와 살진 짐승을 잡고 모든 것을 갖추었으니 혼인잔치에 오소서 하라 하였더니 그들이 돌아보지도 않고 한 사람은 자기 밭으로, 한 사람은 자기 사업하러 가고"(마 22:2-5).

지은 자매는 말씀 속에서 자신이 '자기 밭으로, 자기 사업하러' 가는 사람들 속에 있음을 보았다. 업무를 감당하는 자신의 모습이 '주께 하듯' 하는 자세가 아님도 보았다. 업무를 도와주십사 기도는 했지만 주님의 뜻대로 일하지 않는 자신의 모습도 깨달았다. 자매는 이전에 자신이 사람들을 불쌍히 여겨 영혼 구원을 위해 매일 기도하던 때를 떠올렸다. 마태복음 말씀을 통해 자매는 하나님과 동행하는 삶을, 복음을 전하는 삶을 회복하게 되었다.

모태신앙으로 평생 교회를 떠나본 적이 없는 박찬숙 집사는 담임목사님의 기도와 설교 말씀으로 전도의 열망을 회복했다. 얼마 전만 해도 박 집사는 주로 자기 마음의 고민, 자기 생활의 기도제목, 자신이 얻고 싶은 것에 집중했다. 자기감정을 조절하는 데 많은 에너지를 썼다. 박 집사의 관심은 주로 자신과 가족들에게 있었다.

그러던 어느 주일날, 담임목사님이 자신을 위해 한 주간 집중적으로 기도해주셨다는 얘기를 들었다. 그 이야기를 들었을 때 박 집사는 정신이 번쩍 났다. '목사님의 기도 때문에 내가 이렇게 은혜받고 살고 있을 수 있었구나' 하는 감동이 몰려왔다. 목사님이 자신을 불쌍히 여겨주시고 상담과 양육을 해주셨기에 자신이 살 수 있었다는 감사함이 생겼다. 그러면서 자신도 다른 사람들을 돕는 일을 더 이상 미룰 수 없다는 생각이 들었다.

그 후 박 집사는 다른 사람들에게 좀 더 많은 관심을 갖기 시작했다. 그러자 하나님은 말씀을 통해 계속 은혜를 부어주셨다. 그다음 주일날 설교시간에 "내 양을 먹이라"(요 21:17)는 말씀이 번개처럼 날아와 마음에 박혔고, "도둑이 오는 것은 도둑질하고 죽이고 멸망시키려는 것뿐이요 내가 온 것은 양으로 생명을 얻게 하고 더 풍성히 얻게 하려는 것이라"(요 10:10)는 말씀을 통해 예수님을 전하며, 생명을 얻게 하는 삶을 살고 싶다는 열망에 사로잡히게 되었다. 박 집사는 고백한다. "누군가의 수고로 내가 생명을 얻게 된 것이 너무나 감사한 일입니다. 나도 다른 사람의 생명을 살리는 사명을 감당하며 살겠습니다."

성도들은 말씀을 통해 인도함을 받을 때 자의적으로 해석하거나 자기감정을 기준으로 삼지 않도록 주의해야 한다. 반짝인다고 해서 모두 금이 아니듯 감동이 된다고 해서 모두 하나님의 뜻이 아니다. 하나님의 뜻인지 아닌지의 기준은 내가 받은 감동이 아니다. 예를 들어 "내게 능력 주시는 자 안에서 내가 모든 것을 할 수 있느니라"(빌 4:13)는 말씀은 성도들에게 큰 감동을 준다. 성도들은 보통 이 말씀을 "나도 부자가 될 수 있다. 나도 성공할 수 있다. 나도 대학에 합격할 수 있다. 나도 잘될 수 있다" 등의 의미로 믿는다. 하지만 이 말씀의 본래 의미는 "내가 실패한 것처럼 보이는 순간에도 주님을 의지함으로써 극복할 수 있다"라는 의미이다. 성경을 오해하면 결국 자기 삶이 성경대로 되지 않는다는 또 다른 오해를 낳게 된다.

기도하는 가운데 드는 생각이나 감동이 있는가?

기도는 성경과 함께 하나님이 말씀하시는 대표적인 방법이다. 기도는 하나님의 자녀들에게 주어진 특권이다. 하나님은 자녀들의 기도에 응답해주시고, 자녀들이 구하는 것 이상으로 최선의 길로 인도해주신다. 기도를 통한 응답은 기도시간에 직접적인 내적 감동으로 오는 경우도 있고, 기도 응답의 결과가 다른 방법들과 함께 복합적으로 오는 경우도 있다.

어머니를 일찍 여읜 박설희 자매는 아버지와 둘이서 살고 있었다. 자매의 아버지는 몇 달 전에 사업하는 친구에게 속아 큰 액수를 사기당했다. 설희 자매는 아버지에게서 상황을 전해 듣고는 화가 났다. 아버지를 속인 사람도 미웠고 속아 넘어간 아버지도 미웠다.

자매는 고통 속에서 몇 달간 아버지를 지켜보다가 서서히 나쁜 상상을 하게 되었다. 먼저는 아버지가 그 사람을 죽이면 어떻게 할까 염려가 되었다. 심지어는 아버지가 자살하지 않을까 걱정도 되었다. 자매는 밤늦게까지 잠들지 못하고 아버지가 잠드는 모습을 확인하고서야 겨우 잠들곤 했다. '아빠가 잘 자고 계시나? 아빠가 약을 먹지는 않았을까? 아파트 베란다로 뛰어내리지 않으실까?' 이런 염려가 들었기 때문이었다.

아버지는 사기꾼과 통화할 때마다 심한 욕을 하며 다투었다. 아버지의 입에서 나오는 저질스러운 욕을 들으면서 자매는 상처를 받았다. 아버지가 한 말이 자매의 마음에도 깊이 남았다. 자매는 학교 가는 길에도, 버스 안에서도, 수업시간에도, 밥을 먹다가도 아버지가 뱉었던 욕설이 생각나서 괴로웠다. 자매는 밤에 잠을 제대로 자지 못했다. 아버지도, 어머니도, 하나님도 원망스러웠다.

수개월 동안 시달리던 자매는 더 이상 스스로의 힘으로는 견딜 수 없다는 사실을 깨달았다. 하나님에게 나아가야만 살겠다는 생각이 들었다. 날마다 잠들기 전에 한 시간씩 찬송하고 통성으로 기도하기로 작정했다. 자매는 기도할수록 눈물과 탄식이 쏟아져 나왔다. 그렇게 기도시간이 조금씩 쌓이자 하나님께서 보고 계신다는 느낌이 자매에게 강하게 다가왔다. 자매는 기도하면서 조금씩 평안을 얻게 되었다. 자매의 마음속에서 아버지에 대한 불안, 원망하는 마음,

분노가 점점 사라졌고, 안정을 되찾을 수 있었다. 설희 자매는 그렇게 기도를 통해 하나님이 주시는 평안을 찾았을 뿐 아니라 용서하는 마음도 얻을 수 있었다.

제법 큰 규모의 어린이집에서 주임으로 일하는 강규희 자매는 매년 겨울 큰 어려움을 겪곤 했다. 매년 연말부터 2월까지 원생모집과 학부모 오리엔테이션이 있기 때문이었다. 자매는 '원생이 제대로 모집되지 않으면 어떻게 하나?' '학부모 오리엔테이션에서 실수하면 어떻게 하나?' 항상 긴장하며 걱정하곤 했다.

규희 자매는 그때마다 시편 말씀을 붙들었다. "내가 여호와를 항상 내 앞에 모심이여 그가 나의 오른쪽에 계시므로 내가 흔들리지 아니하리로다"(시 16:8). 자매가 이 말씀을 붙들고 하나님에게 담대함을 주시도록 기도하면 하나님이 항상 함께하신다는 느낌을 강하게 받았다. 매년 연말을 부담감으로 시작하지만 기도할 때마다 평안을 경험하고 있다. 자매는 매번 하나님을 의지함으로써 마음의 담대함을 유지하고, 훌륭하게 주임의 역할을 감당하고 있다.

우리가 기도라는 방법을 통해 하나님의 인도하심을 받기 위해서는 먼저 기도해야 한다. 하나님은 기도하지 않는 사람에게 기도를 통해 말씀하실 수 없다. 기도는 마치 호흡과 같다. 사람이 숨을 쉬지 않고 살 수 없는 것처럼 그리스도인은 기도하지 않고서는 살지 못한다. 기도하지 않는 그리스도인은 신앙생활을 절대 정상적으로 할 수 없다.

일단 기도하기 시작했다면 그 후에는 충분히 하나님에게 집중하며 기다리는 시간이 필요하다. 찬양하면서, 감사하면서, 성경 말씀을 묵상하면서 하나님이 말씀하시길 기다릴 수 있어야 한다. 어떤 방법이든 하나님이 무엇이라 말씀하시는지에 집중하는 게 포인트다.

"주여 말씀하옵소서. 주의 종이 듣겠나이다" "주여 말씀하옵소서. 즉시 순종하겠습니다"라며 하나님의 임재 앞에 머물러 있어야 한다. 매번 무엇인가 느낄 수는 없겠지만 하나님에게 경청하는 태도, 하나님을 기다리는 태도, 하나님에게 집중하는 태도가 있다면 하나님의 음성을 더욱 훌륭하게 들을 수 있다.

마음속에
잔잔한 감동이 있는가?

내적 감동이란 하나님의 뜻이라는 확신이 드는 어떤 생각이나 감정을 말한다. 내적 감동에는 기쁨, 평안, 담대함, 확신, 의지 등이 동반된다.

예수님과 제자들이 빌립보 가이사랴 지방에 이르렀을 때였다. 예수님이 제자들에게 물으셨다.

"사람들이 인자를 누구라 하느냐?"

그러자 제자들이 대답했다.

"더러는 세례 요한, 더러는 엘리야, 어떤 이는 예레미야나 선지자 중의 하나라 하나이다."

예수님이 다시 "너희는 나를 누구라 하느냐?"라고 물으셨다.

그러자 시몬 베드로가 대답했다.

"주는 그리스도시요 살아 계신 하나님의 아들이시니이다."

이 대답을 들으신 예수님은 매우 흡족해 하시며 베드로를 칭찬하셨다.

"바요나 시몬아, 네가 복이 있도다. 이를 네게 알게 한 이는 혈육이 아니요 하늘에 계신 내 아버지시니라"(마 16:13-17).

하나님께서 베드로의 마음에 감동을 주셔서 예수님이 누구신지 깨닫게 하신 것이다.

청년부를 섬기고 있는 김경환 목사는 선교여행을 갔다가 내적 음성을 경험했다. 수년 전 김 목사는 25명의 청년들을 이끌고 필리핀으로 비전트립을 갔다. 현지 사역을 위해 여러 트렁크에 많은 선물을 준비했다. 비행기가 필리핀 마닐라 공항에 도착했다. 선교팀 일행은 공항에서 짐을 찾았다. 그때 갑자기 청년 한 명이 오더니 트렁크를 옮기다가 끼고 있던 금반지를 잃어버렸다며 당황해했다. 김 목사는 '사탄이 시작부터 시험에 빠뜨리는구나'라고 생각했다.

김 목사는 금반지로 인해 팀 사기가 꺾이면 안 되겠다 싶어 하나님에게 도와주시길 짧고 간절히 기도드렸다. 그때 마음속에 '고개를 쭉 내밀어서 살펴보아라'는 느낌을 받았다. 김 목사는 '앞쪽에는 컨베이어 벨트밖에 없어요'라고 마음속으로 답했다. 다시 살펴보라는 느낌이 너무 강해서 머리를 앞으로 내밀고 자세히 살펴보았다. 그때

회전하는 컨베이어 벨트 아래 떨어져 있던 금반지가 반짝하며 빛났다. 청년을 불러 확인해보니 자기 것이 맞다고 했다. 옆에서 상황을 지켜보던 청년들이 모두 놀랐다. 사실 가장 놀란 것은 김 목사 본인이었다.

이 사건을 통해 하나님께서 선교팀과 함께하심을 모두들 느끼게 되었고, 팀이 하나 되는 계기가 되었다. 모두가 한마음으로 선교사역 내내 헌신하였다. 그중에서도 반지를 되찾은 청년이 특히 열심히 섬기고 헌신했다. 짧은 일정이었지만 준비한 프로그램을 통해 복음이 선포되고, 여러 사람들이 은혜와 구원을 받았다. 김 목사와 청년들은 하나님이 자신들과 함께 일하시고 계심을 확실히 경험했다.

법대생인 소라 자매는 수업시간에 하나님이 주시는 세미한 내적 음성을 경험했다. 가정법 시간에 다양한 이혼사건 판례를 공부하고 있었다. 어떤 부부는 재산문제로, 어떤 부부는 불륜으로, 어떤 부부는 시댁과의 갈등 등 각각 다양한 이유로 이혼했다. 어떤 신혼부부는 결혼한 지 일 년이 채 되지도 않았는데 남편의 성적인 기능문제로 이혼하게 된 사례도 있었다. 사례를 읽어보던 학생들이 모두 남편을 비웃었다. 자매도 같이 웃었다. 그런데 갑자기 자매의 마음속에 하나님이 슬피 우시면서 '비웃지 마라. 그 부부의 아픔이 나에게는 슬픔이고 눈물이다' 라는 감동을 받았다. 자매는 얼른 고개를 숙이고 회개했다. 마음속에 하나님의 마음이 느껴지자마자 자매는 자신도 모르는 사이에 눈물이 났다.

하나님을 사랑하는 김기숙 집사는 예배드리다가 기쁨 가득한 내적 감동을 받았다. 김 집사는 찬양을 통해, 설교 말씀을 통해, 기도를 통해 잔잔히 은혜받는 것을 참 좋아했다. 그래서 김 집사의 마음속에는 항상 예배를 사모하는 마음이 가득했다.

여름이 끝나고 선선한 바람이 부는 가을의 어느 주일이었다. 김 집사는 예배드리면서 전심으로 찬양을 부르고 기도도 하였다. 그때 하나님이 김 집사의 마음속에 잔잔한 감동을 주셨다. "나는 왕이다. 나는 너를 사랑한다. 네가 소원하는 그것을 계속 구하라. 내가 너를 통해 일할 것이다."

하나님께서 주신 감동은 크고 강했다. 김 집사에게 주체할 수 없는 기쁨과 평안이 계속되었다. 마치 구름 위를 걷는 듯한 기쁨이었다. 김 집사는 "아멘. 아멘. 하나님은 왕이십니다. 저를 통해 일하소서!"라고 응답하였다.

그런데 우리가 내적 감동을 받을 때 조심해야 할 점이 있다. 그것은 내적 감동을 '표현'하는 부분이다. 하나님이 감동을 주셨고, 그것이 하나님의 뜻이라는 확신이 들 때 "하나님께서 이렇게 말씀하셨습니다"라고 말하지 않도록 조심해야 한다. 왜냐하면 내게 감동이 된다고 해도 하나님이 주신 게 아닐 수도 있기 때문이다. 더구나 하나님이 '감동'을 주신 것이지, 직접적으로 '말씀'하신 것은 아니다. 듣는 사람들 입장에서는 하나님께서 소리가 들리도록 '말씀'하셨다고 오해할 수도 있다.

그럴 때는 이렇게 말하는 것이 좋다.

"기도 중에 하나님께서 이런 감동을 주셨습니다."

"하나님께서 이런 생각을 주셨기에 조심스럽게 분별하고 있는 중입니다."

이렇게 말하면, 말하는 사람이나 듣는 사람이나 하나님의 뜻을 분별하는 데 참으로 유익하다.

가사와 멜로디를 통한 인도하심이 있는가?

찬양이란 하나님의 아름다움과 훌륭함을 크게 칭찬하고 드러내는 행위이다. 찬송도 비슷한 의미로 쓰이며, 음악, 건축, 미술 등 예술적인 장치들을 통해서 표현된다. 이 책에서 찬양은 그중에서도 음악을 통해 하나님을 찬양하는 것으로 제한하여 사용했다.

보험회사 영업사원으로 수년간 일하고 있는 김기찬 집사는 최근 몇 년 사이에 자신이 점점 세속적으로 바뀌어가는 것을 느꼈다. 돈 버는 데 시달려서인지 마음이 점점 메말라갔다. 몇 년 전, 메르스 사태가 터진 이후 6개월이 지났지만 영업은 여전히 힘든 상태였다. 고객들을 대면하는 일 자체가 더욱 힘들어졌다.

몸과 마음이 지친 김 집사는 주일아침 아내와 함께 예배에 참석했다. 찬양시간부터 간절한 마음으로 찬양드리며 하나님의 도우심을 기도했다.

"나의 믿음 주께 있네.
십자가 능력이 내 영광되었네.
주께서 우리를 승리하게 하시네.
나의 능력 나의 소망 주께 있네."

그때 "하나님이 나를 항상 기다리고 계신다. 나의 소망이 돈이 아니라 주님에게 있다"라는 사실이 갑자기 깨달아졌다.

메르스 발생 전까지는 바쁘다는 핑계로 주중에는 기도도 하지 않았고, 성경도 읽지 않았다. 일이 없는 지금은 먹고살 걱정이 앞서 하나님에게 나아가지 못하고 있었다. 자신이 무엇을 이루어보겠다고 이렇게 바쁘게 살아왔는지 허무했다. 찬양가사를 묵상하면서 자신이 일을 하는 목적과 이유를 다시 돌아보게 되었다. 다시 한 번 하나님을 신뢰하며 동행하는 삶을 살기로 결단했다.

청년부 찬양팀에서 기타로 봉사하는 최현기 형제는 이성적이고 냉소적인 성향이 강해서 찬양을 통해 은혜를 잘 받지 못했다. 한때는 수련회에서 찬양하며 펑펑 울었던 경험이 있었다. 하지만 집으로 돌아와서는 이전과 똑같은 삶을 사는 자신의 모습에 염증을 느끼곤 했다. 수련회 때 받은 은혜가 거짓 같았다. 심지어 집회 때 인도자가 거짓으로 분위기를 조장하는 게 아닌가 하는 닫힌 마음마저 일었다. 이런 경험들이 쌓여 하나님에 대해, 찬양에 대해 막힌 채 살아가고 있었다.

그러던 어느 따뜻한 봄날 주일 아침, 시편 23편 찬양을 틀어놓고 교회에 갈 준비를 하고 있었다. 그런데 갑자기 시편 찬양의 가사가 귀에 들려오면서 마음에 스며들었다. "여호와는 나의 목자시니 내게 부족함이 없으리로다. 그가 나를 푸른 풀밭에 누이시며 쉴 만한 물 가로 인도하시는도다. 내 영혼을 소생시키시고 자기 이름을 위하여 의의 길로 인도하시는도다. 내가 사망의 음침한 골짜기로 다닐지라도 해를 두려워하지 않을 것은 주께서 나와 함께 하심이라. 주의 지팡이와 막대기가 나를 안위하시나이다"(시 23:1-4).

찬양가사가 더운 여름날 시원한 냉수처럼 현기 형제의 마음을 시원하게 적셔주었다. 찬양가사가 형제의 마음에 울려퍼졌다. 형제는 지금까지 하나님이 자신을 인도해오셨고 보호해주셨다는 사실을 명확하게 깨달았다. 교회를 여전히 다니지만 자신도 탕자라는 사실을 알았다. 모든 것이 주님의 은혜였다. 형제는 하나님께서 목자 되시고 인도해주심에 감사하며 대성통곡했다. 하나님의 은혜를 부인하고, 심지어 거절한 자신을 깊이 회개하면서….

여기서 우리가 찬양을 통해 하나님의 뜻을 분별할 때 주의할 점이 있다. 그것은 자신의 성향에 대해 속단하는 태도이다. 이성적인 사람은 자신이 찬양으로 은혜받지 못하는 스타일이라고 속단하지 말아야 한다. 성향에 따라 찬양에 깊이 빠져들기가 힘들 수 있지만 노력할 만한 충분한 가치가 있다. 이에 관해 어떤 이는 찬양시간에 감정이나 멜로디에 몰두하지 말고 이성적으로 가사를 고백하라고 가르치기도 하지만, 이는 수학시간에 영어공부를, 영어시간에 수학공부를 하는 것과 마찬가지다. 음악이란 원래 감성적이다. 멜로디의 흥이나 아름다움은 사람의 감성을 자극하기 위해 존재한다. 찬양시간에는 멜로디를 즐기고 감성을 마음껏 사용하는 것이 찬양의 본래 목적에 적합하다. 찬양을 통한 하나님의 메시지는 감동의 형태로 전달되기 때문이다.

찬양을 통해 작곡가와 작사가가 체험한 하나님이, 지금 이곳에서 현재화된다. 곡을 만든 사람에게 임한 기름 부으심이 듣는 사람, 부르는 사람에게 함께 임하게 되는 것이다. 성도가 진심을 담아 찬양할 때 작곡가, 작사가와 비슷한 은혜와 감동을 누리게 된다. 곡을 만든 사람은 찬양을 통해 하나님에 대한 자신의 지식과 경험을 공유할 수 있다. 찬양하면서 하나님 안에 있는 깊은 평안함과 만족감, 담대함과 확신을 느낄 수 있다. 경우에 따라서는 죄인 된 자신을 자각하고 통회할 수도 있다. 무엇보다 찬양을 통해 살아계신 하나님이 나를 사랑하시고, 나와 함께하시며, 나를 도우시는 분임을 느낄 수 있다.

리더에게
현명한 조언을 구해보았는가?

하나님은 사람을 통해 대신 말씀하실 때가 있다. 목회자나 장로, 권사, 소그룹 리더, 구역장 등 경건한 신앙 선배들을 통해 말씀하실 때가 자주 있다. 바울이 회심할 때의 사건을 보면 사람을 통해 말씀하시고, 사람을 통해 일하시는 하나님의 속성이 잘 드러난다.

사도 바울이 사울이라는 이름으로 불릴 때, 그는 그리스도인들을 핍박했다. 사울은 대제사장과 장로들로부터 다메섹에 있는 그리스도인들을 박해하도록 명령받았다.

사울이 다메섹에 가까이 왔을 때, 예수님은 큰 빛으로 나타나 물으셨다.

"사울아, 사울아, 네가 왜 나를 박해하느냐?"

놀란 사울은 예수님께 두 가지 질문을 했다.

"주님, 누구시니이까?"

"주님, 무엇을 하리이까?"

주님은 첫 번째 질문에 직접 "나는 네가 박해하는 나사렛 예수라"고 대답하셨지만, 두 번째 질문에 대해서는 "일어나 다메섹으로 들어가라. 네가 해야 할 모든 것을 거기서 누가 이르리라"고 말씀해 주셨다.

사울은 주님의 말씀처럼 다메섹에서 아나니아라 하는 선지자를 만났다. 선지자 아나니아는 사울을 보자 안수하며 하나님의 뜻을 대신 전하였다.

"사울아, 주 곧 네가 오는 길에서 나타나셨던 예수께서 나를 보내어 너로 다시 보게 하시고 성령으로 충만하게 하신다"(행 9:17).

이 안수를 받은 사울은 그 즉시 세례를 받고, 예수님이 하나님의 아들이심을 전하는 사도가 되었다.

하나님께서 사람을 통해 말씀하실 때 자주 사용하시는 방법이 몇 가지 있다.

첫째, 목회자나 신앙 선배의 조언이다. 오랜 시간 하나님의 말씀을 받아 경험하는 삶을 살아온 정상적인 목회자와 신앙 선배들은 하나님의 관점에서 조언할 수 있는 지혜가 있다.

내가 신학을 하게 된 계기도 담당목사님의 조언 때문이었다. 나는 예수님을 강렬하게 만나고 난 후, 나의 인생을 하나님에게 드리기로 결단했다. 하나님을 기쁘시게 해드리는 직업을 갖고 싶었다. 그래서 평신도 선교사로 하나님이 기뻐하시는 영혼구원의 사역에 헌신하기를 열망했다.

그래서 나의 장점을 최대한 활용해 컴퓨터 전문인 선교사가 되기 위해 컴퓨터전문인선교회(FMnC)에 들어가 훈련을 받았다. 선교지에서 활용할 수 있는 국제공인 컴퓨터자격증을 취득했고, 우즈베키스탄에 비전트립을 다녀왔다. 우즈베키스탄에서는 여러 선교사들을 만나 그분들의 사역 현황을 견학하고 귀중한 조언을 들었다.

준비가 어느 정도 되자 교회 파송을 받기 위해 목사님과 면담을 했다. 목사님은 단기로 몇 년을 사역할 것인지, 장기로 평생 사역을 할 것인지를 물으셨다. 나는 장기선교사로 헌신하고 싶다고 말씀드렸다. 목사님은 "단기사역자로 간다면 평신도 사역도 추천할 수 있다. 하지만 장기사역자로 간다면 목회자 사역자로 준비하는 것이 유익하겠다"라고 조언해주셨다.

목사님의 권면을 들을 때 내 마음 깊은 곳에서 동의가 되었다. 목사님과의 대화 이전에는 신학을 공부해서 목회자가 된다는 것을 전혀 생각하지 않았다. 목사님의 말씀을 들으면서 한편으로는 목회자의 길이 부담되었지만, 한편으로는 참 지혜로운 말씀이라는 생각이 들었다. 나는 목사님의 조언을 하나님의 부르심으로 듣고 신학교에 진학했다.

학부에서 물리학을 전공한 김현 형제는 여러 신앙 선배들의 도움으로 지혜롭게 진로를 결정했다. 형제는 대학을 졸업할 즈음 음악에 빠져 있었고, 미래에 대해 현실적인 준비를 못하고 있었다. 형제는 전공에 관련된 일보다는 음악과 관련된 일을 하고 싶었지만 전업 음악가나 가수를 할 수 있는 수준은 아니었기에 머리가 복잡했다.

그러던 어느 날, 우연히 낙원상가에 친구를 만나러 갔다가 옆 가게에 붙은 구인공고를 보고 지원하게 되었다. 그 회사는 '경배와 찬양' 등의 그룹에 예배 악기를 납품하는 제법 규모 있는 회사였다.

형제는 대학 졸업 후 그 회사에 취업하여 6개월 정도 낙원상가에서 악기를 팔았다. 물론 부모님의 반대는 심했다. 부모님은 아들이 대학을 졸업하고 대기업에 들어가기를 바라셨다. 형제 또한 직접 겪어보니 음악은 좋아했지만 악기 파는 세일즈에는 재능이 없다는 사실을 깨닫게 되었다.

형제는 고민하던 중에 자신이 신뢰하는 사람, 자기에게 애정 있는 사람 세 명에게 물어보고 결정하자고 마음먹었다. 청년부담당 전도사님, 셀리더였던 자매, 신실한 교회 형님에게 자세히 상황을 설명하고 조언을 들었다. 세 명 모두 공통적으로 "더 큰일을 할 수 있는 역량과 재능이 있는데 왜 도전을 안 하느냐?"라며 새롭게 도전할 것을 권했다.

형제는 그 권고를 받아 전공과 적성을 살려 대기업 연구소로 이직하게 되었다. 이직한 회사에선 1년이 지나지 않아 인정받으면서 자리 잡을 수 있었다. 수년이 지난 지금, 형제는 부모님과 신앙 선배들을 통한 조언이 하나님의 인도하심이라는 고백을 했다. 형제는 신앙 선배들을 통해 인도하신 하나님에게 감사했다.

하나님이 사람을 통해 말씀하시는 방법은 둘째, 소그룹이나 구역모임에서 경건한 지체들의 나눔과 간증이다. 그리스도의 말씀이 우리의 마음속에, 삶 속에 풍성히 거하여 서로 가르치며 권면하는 것이 하나님의 뜻이다. "그리스도의 말씀이 너희 속에 풍성히 거하여 모든 지혜로 피차 가르치며 권면하고"(골 3:16). 다른 지체들의 삶에 역사하신 하나님의 말씀이 나에게 감동이 되고, 나의 삶에서도 이루어지게 된다.

많은 고통 속에 살던 사마리아 여인은 예수님을 만나자 마자 자신이 만난 예수님을 사람들에게 간증했다. 그 감격이 얼마나 컸던지 가져온 물동이를 버려두고 동네 사람들에게로 달려가서 외쳤다.

"내가 행한 모든 일을 내게 말한 사람을 와서 보라. 이는 그리스도가 아니냐"(요 4:29).

여인의 말을 듣고 그 동네 많은 사마리아인들이 예수님을 믿었다. 그리고 예수님에게 마을에 머물기를 요청했다.

예수님의 말씀을 직접 들은 마을 사람들이 그 여자에게 "이제 우리가 믿는 것은 네 말로 인함이 아니니 이는 우리가 친히 듣고 그가 참으로 세상의 구주신 줄 앎이라"(요 4:42)고 말했다. 마을 사람들은 처음에는 여인의 말을 듣고 예수님을 믿었지만 나중에는 예수님의 말씀을 직접 듣고 믿음에 확신을 더했다.

박소영 집사는 어린아이 두 명을 양육하면서 우울증에 시달렸다. 산후우울증으로 수년 동안 시달렸지만 여전히 마음과 몸이 힘든 상태였다. 가장 힘든 점은 아이들을 돌보느라 깊이 잠들지 못한다는 것이었다. 깊이 잠들지 못하니 아침에 일어나도 몸이 무겁고, 온종일 피곤했다. 아이들에게 밥을 먹이고 나면 지쳐서 밥맛도 없었다. 남편도 박 집사에게 별로 위로가 되지 못했다. 남편은 자상한 사람이었지만 회사일로 너무 바빠서 아내와 아이들에게 신경을 써주지 못했다. 박 집사는 이런 상황을 잘 알고 있었지만 그래도 남편에 대한 섭섭함이 사라지지 않았다. 이렇게 박 집사는 점점 지쳐갔다.

요즘 박 집사가 마음의 위로를 얻는 곳은 구역모임이다. 구역모임에서 몇몇 아이 엄마들과 함께 대화를 나누는 시간이 박 집사에게는 꿀처럼 달콤했다. 권사님 한 분이 구역모임 동안에 아이들도 돌봐주셔서 몸도 편안했다.

어느 수요일, 구역모임이 있는 날이었다. 다른 성도들과 이런저런 이야기를 하면서 즐거운 시간을 보냈다. 집사님 한 분이 한 주 동안 큐티하면서 받은 은혜를 나누었다. 나눔을 듣다가 "하늘 아버지께서 이 모든 것이 너희에게 있어야 할 줄을 아시느니라"(마 6:32)는 말씀을 듣는 순간 큰 위로를 받았다. 하나님이 자신의 아픔과 힘든 마음을 아신다는 느낌을 강하게 확신할 수 있었다. 하나님이 내 마음을 아시고, 내 어려움을 아신다는 사실을 깨닫고 큰 감동을 받았다.

셋째, 비신자들의 말이나 삶도 하나님이 사람을 통해 말씀하시는 방법이 될 수 있다. 하나님은 비신자들의 삶에도 영향을 미치시고, 그들을 통해서도 일하신다.

모 대학교에서 행정을 담당하는 황현철 집사는 비신자였던 상사를 통해 응답받은 경험이 있었다. 황 집사는 4~5년 차에 다른 직장으로 이직하고 싶다는 생각이 들었다. 월급이 적고, 자기 발전이 없으며, 미래가 밝지 않다고 생각했기 때문이었다. 기도하는 도중에 하나님의 인도하심을 확신하면서 기업형 학원에 대리급 경력사원으로 이직했다.

그런데 이직하고 보니 외부에서 봤던 것과는 다르게 기업문화가 매우 경직되어 있었다. 업무 중에는 1분 1초의 여유도 없었다. 야근도 잦았고 직원들을 서로 경쟁시키는 분위기였다. 심지어 직원들은 서로 질투하고 정죄하기까지 했다. 나름 하나님의 인도하심을 받았다는 확신이 있었기에 황 집사는 더욱 큰 혼란에 빠졌다.

황 집사는 담임목사님께 상담을 받았다. 목사님은 전후 상황을

다 듣고는 좀 더 기다려보자는 조언을 주셨다.

"하나님께서 이전 직장에서 새로운 직장으로 인도하신 것은 맞는 것 같습니다. 그런데 새 직장이 오래 다닐 수 없는 분위기라면 최종 목적지가 아닐 수도 있습니다. 기도하면서 조금 더 기다려보는 것이 좋을 듯합니다."

수개월 후, 직속상관이었던 팀장이 다른 회사로 이직했다. 팀장은 평소에 황 대리를 눈 여겨 보았다며 자기가 이직한 회사로 초청했다. 적절한 때를 기다리던 황 집사에게 팀장의 초청은 하나님의 사인으로 다가왔다. 팀장이 초청한 기업과 업무를 알아보고 황 집사는 팀장의 초청에 응했다. 옮긴 직장에서 황 집사는 높은 역량을 발휘하여 인정받으며 일하고 있다. 황 집사의 업무 만족도도 매우 높아졌다.

이 보편적인 영적 방법에서는 조언하는 리더나 조언받는 성도 모두 주의할 점이 있다. 조언받는 자는 조언자의 직분 등 외적 조건을 보고 하나님의 뜻으로 쉽게 받아들여서는 안 된다는 점이다. 목회자나 장로님이 조언한다고 해서 반드시 하나님의 뜻이라는 보장이 없다. 반드시 또 다른 방법을 통해 반복해서 복합적으로 확인해야 한다. 그리고 비인격적인 사람, 폭력적인 사람, 세속적인 사람, 탐심을 자극하는 사람들의 조언은 특히 조심해야 한다. 이와는 반대로 조언받는 성도는 교만하거나 믿음이 약하여 리더를 통한 정상적인 하나님의 음성을 무시하지 않도록 주의해야 한다.

또한 조언자는 인격적이고 성경적으로 도우려는 태도를 잃지 말아야 한다. 어떤 조언자는 자신의 말은 하나님의 뜻이기에 불순종하면 하나님의 뜻에 불순종하는 것과 같다고 협박하는 사람이 있다. 자기가 시키는 대로 안 하면 화를 내고 관계를 단절하겠다고 강요하는 사람도 있다. 이런 사람들은 하나님의 뜻을 빙자하여 다른 사람을 지배하려는 악한 의도를 감추고 있다. 지도자가 자신의 조언을 하나님의 절대적인 뜻으로 강요하는 태도는 옳지 않다. 조언받는 사람의 믿음이 자라서 자기의 믿음으로 하나님의 뜻에 순종할 수 있도록 지도하는 태도가 바람직하다.

이와 관련해서 영성신학자 리처드 포스터는 단체 속에서 사람을 통해 인도하심을 받을 때의 한계에 대하여 자신의 저서 「영적 훈련과 성장」에서 다음과 같이 말했다. "가장 위험한 것은 지도자가 하나님의 뜻을 조작하고 지배하는 경우이다. 지도자가 자기의 뜻을 관철시키는 방식이 아니라 은혜 속에서 조언하는 방식으로 이루어져야 한다. 정반대의 위험도 있다. 불신의 마음과 교만한 사람들이 성령의 인도하심을 받는 지도자를 방해할 수 있다. 또한 사람이기 때문에 편견과 두려움으로 인해 실수할 수 있고, 성경을 떠난 결정을 내릴 수 있는 위험도 있다."

책을 통해
깨닫게 하시는 것이 있는가?

하나님은 신앙서적을 통해서 인도하시는 경우도 자주 있다. 독자는 책을 통해 저자의 지식과 체험을 공유하게 된다. 하나님은 책 속에 있는 말씀, 저자에게 주신 영감과 은혜를 통해 나에게 말씀하신다.

나는 내가 쓴 책을 통해 '달란트미션'의 지도목사로 2년 동안 봉사할 기회를 얻었다. 달란트미션은 하나님이 주신 달란트(재능)를 사용하여 세상에 선한 영향력을 발휘하고, 세상을 변화시키는 사역을 하는 초교파 봉사단체이다. 나는 나의 첫 번째 책 「어떻게 신앙은 성장하는가?」 북콘서트를 달란트미션을 통해 열게 되었다. 나는 달란트미션 대표와 만나 사역의 방향을 듣고 큰 감동을 받았다.

나는 나의 두 번째 책 「불공평한 세상 공평하신 하나님」의 내용을 대표에게 소개했다. 이 책의 주요 모티브가 바로 달란트 비유였다. 책은 "하나님은 각 사람에게 달란트를 주시되 공평하게 주시고, 공평하게 결산하는 분이시다. 하나님의 관심은 사람이 어떻게 달란트를 사용하고, 어떤 열매를 맺는가에 있다"라는 내용을 담고 있다.

마침 달란트미션에서는 지도목사를 찾기 위해 기도하고 있던 중이었다. 달란트에 대해, 하나님의 뜻에 대해, 세상에 대해 이야기하면서 하나님이 서로를 만나게 하셨음을 인정하게 되었다. 하나님은 책을 통해 나를 달란트미션 지도목사로 부르셨다.

영화와 관련된 콘텐츠를 만드는 박미정 자매는 이직하는 과정에서 책을 통해 하나님의 인도하심을 받았다. 미정 자매는 이전 직장에서 과로에 지쳐 퇴직했다. 새 직장을 찾기까지 한 달 정도 쉬게 되었다. 그 기간 동안 푹 쉬기도 하고, 책도 읽고, 재능과 적성도 생각하면서 하나님의 인도하심을 기다렸다.

그때 읽은 책이 신학자 브루스 윌킨슨이 쓴 「꿈을 주시는 분」이었다. 이 책에서 저자는 보통사람이 특별한 사람으로 바뀌는 과정을 그렸다.

"매일 그는 꿈을 주시는 분께 도움을 구하며 인도해주시기를 기도했다."

"꿈을 주시는 분께 대한 보통사람의 헌신은 점점 더 깊어갔다."

"그리고 자신의 꿈을 타협하지 않고 지키기 위해 열심히 일했다."

"잘하였다! 너는 착하고 충성된 꿈을 좇는 사람이다."

"내가 더 많은 것을 보여줄 것이다."

이와 같은 내용이 자매의 마음에 와 닿았다.

책을 읽으면서 자매는 이루고 싶은 꿈이 생각날 때마다 그 길을 가기로 결심했다. 주인공과 함께 호흡하면서 하나님이 눈에 보이지 않을 때도 하나님을 신뢰하는 방법을 배웠다. '무엇 때문에 그것을 목표로 삼았지? 다른 사람에게 그럴 듯하게 보이기 위해서인가?' 자매는 이렇게 생각하며 하나님 앞에서 삶의 목표와 방향을 되돌아보게 되었다. 사람들에게 잘 보여야 한다는 두려움을 이기고, 하나님이 나에게 주신 인생을 제대로 살아가야겠다는 생각이 점차 명료해졌다.

자매는 그 책을 통해 목표를 추구하는 과정에서도 얼마든지 만족하며 즐길 수 있음을 알게 되었다. 하나님으로부터 "너는 착하고 충성된 꿈을 추구하는 사람이다"라는 말씀을 진심으로 듣고 싶었다. 자신감이 생겼고, 조급해하지 않으면서도 내가 원하는 길을 갈 수 있겠다는 확신이 들었다.

하나님이 사용하시는 보편적 영적 방법인 경건서적과 관련된 가장 큰 문제점은 책을 읽지 않는다는 점이다. 책을 읽지 않으면 경건서적이 주는 유익을 누릴 수 없다. 책은 하나님의 지식과 영감을 체험한 저자와 교제할 수 있는 훌륭한 매개체이다. 성도들이 평소에 만나기 힘든 저자와 질적으로 수준 높은 친교를 할 수 있는 거의 유일한 수단이다. 책을 읽지 않고서는 결코 깊은 수준의 신앙인으로 성장할 수 없다.

책을 선택할 때 저질, 이단 자료를 조심해야 한다. 분별하기가 어려운 경우에는 담임목사님의 추천이나 알려진 출판사, 신뢰할 수 있는 저자를 확인하고 구입하는 것이 좋다. 경건서적은 미디어로 확장할 수 있다. 신문, 방송, 인터넷, SNS 등을 통해서도 하나님이 말씀하실 수 있다. 미디어를 통해서 내가 직접 경험하지 못하는 세상에 대한 소식을 들을 수 있다. 경우에 따라 하나님이 미디어를 통해 나를 초청하시며 하나님의 사역에 동참하게 하시는 경우도 있다.

하나님을 통해
주위 환경을 보라

환경과 관련되어 성도들이 하나님의 뜻을 구하는 방식은 보통 "이 일이 하나님의 뜻이라면 길을 열어주시고, 뜻이 아니라면 막아주세요"라는 태도이다. 단순히 길이 열리고 닫힘으로써 하나님의 뜻을 분별할 수 없기에 이런 태도를 취하는 성도는 하나님의 뜻을 오해하기 쉽다.

포도나무교회 여주봉 목사는 자신의 설교에서 "환경을 통해 하나님을 봐서는 안 된다. 하나님을 통해서 환경을 봐야 한다"라고 말했다. 여 목사는 그 사례로 요셉을 들었다. "당신들이 나를 이곳에 팔았다고 해서 근심하지 마소서. 한탄하지 마소서. 하나님이 생명을 구원하시려고 나를 당신들보다 먼저 보내셨나이다"(창 45:5). 요셉은 환경을 보고 자신이 하나님에게 저주받았다고 생각하지 않았다. 오히려 하나님이 야곱의 가족과 많은 사람들의 생명을 살리기 위해서 자신을 먼저 보내 일련의 고난을 겪도록 인도하셨다고 여겼다.

환경과 관련하여 하나님의 뜻을 분별할 때 우리가 고려해야 할 몇 가지 경우가 있다.

첫째, 길은 열렸지만 하나님의 뜻이 아닌 경우가 있다. 하나님은 요나를 선지자로 부르셨다. 하나님은 요나에게 당시 앗수르의 수도였던 니느웨로 가서 백성들에게 회개를 선포하라고 명령하셨다. 니느웨는 이스라엘에서 북동쪽으로 880km 정도 떨어진 곳에 위치했다. 요나는 당시 이스라엘의 원수였던 니느웨의 멸망을 바랐기에 반대방향으로 4,000km 떨어진 다시스로 도망쳤다. 그는 하나님의 말씀에 정면으로 불순종한 것이다.

요나가 다시스로 도망가기 위해 항구도시 욥바로 내려갔을 때 마침 다시스로 가는 배를 만났다. 요나에게 자신이 원하는 대로 환경이 열렸지만 하나님의 뜻과는 정반대의 길이었다. 환경이 열린다 해도 하나님의 뜻이 아닐 수 있다. 오히려 하나님을 대적하는 선택이 될 수도 있음에 주의해야 한다.

둘째, 길이 열렸는데 그 길이 하나님의 뜻인 경우가 있다. 또 길이 닫혔는데 그 길이 하나님의 뜻이 아닌 경우가 있다. 환경을 통해 인도하심을 받는다고 했을 때 대부분의 사람들이 생각하는 경우이다.

청년들을 위해 기관사역을 준비하던 최은식 목사는 환경을 변화시켜주시는 하나님의 은혜를 체험했다. 최 목사는 수원에 있는 자그마한 교회에서 부목사로 사역하고 있었다. 하지만 수년 전부터 하나님이 자신을 기관사역자로 부르신다는 생각을 하고 있었다. 교회 밖의 기관사역이 교회사역보다 비교적 힘든 부분이 많이 있다. 더구나 처음부터 기관을 설립해야 하기에 말할 수 없는 재정적, 심리적 어려움이 있을 것이라는 사실을 최 목사는 잘 알고 있었다.

재정적인 어려움은 최 목사에게 큰 걸림돌이 되지 않았다. 목회의 길로 들어설 때 감수하기로 결단했기 때문이다. 그러나 가족을 위해 한 가지만 응답해주시길 간절히 구했다. "지금 머물고 있는 교회 사택에서 나가면 집을 구할 돈이 없습니다. 어린 자녀들을 위해 주거문제를 해결해주시면 하나님의 확실한 사인으로 알고 달려가겠습니다"라고 기도했다.

하나님은 최 목사와 가족들을 불쌍히 여겨 환경을 열어주셨다. 그해 겨울에 경쟁률이 상당히 높았음에도 불구하고 국민임대주택에 당첨되었다. 최 목사는 하나님에게 가족들이 거주할 집을 주심에 크게 감사했다.

최근에 이사 온 김남희 집사는 교회를 찾는 과정에서 하나님의 인도하심을 받았다. 이사 온 첫날부터 옆집에 사는 아이 엄마가 관심도 보이고 집안 정리를 도와주면서 둘은 많이 친해졌다. 김 집사가 출석할 교회를 찾고 있다고 말하자, 아이 엄마는 너무 기뻐하면서 자기 교회로 초청했다. 김 집사는 훌륭한 목사님이 계시는 따뜻한 교회로 이끌어주십사 하나님에게 기도하고 있었다.

주일 아침에 김 집사는 남편과 함께 아이 엄마가 다니는 교회로 갔다. 교회로 가는 길에 차 안에서 남편과 이런저런 대화를 나누었다. 조만간 남편이 특별보너스로 200만 원정도 받을 것 같다고 했다. 부부는 그 돈으로 뭘 할까 즐겁게 이야기했다.

교회에 도착해서 예배시간에 설교를 들었다. 목사님이 "예상하지 못한 돈이 갑자기 생겼을 때 무엇을 할 것인가?"라는 질문으로 설교를 시작하셨다. 목사님은 돈 씀씀이는 사람이 어디에 관심이 있는지, 무엇을 추구하는 삶인지를 보여주는 중요한 지표라고 말씀하셨다. 김 집사와 남편은 깜짝 놀라 서로의 얼굴을 쳐다보았다.

설교 마지막 즈음에 목사님이 주제와 관련된 찬송가를 선창하면서 다함께 부르자고 하셨다.

"십자가를 질 수 있나 주가 물어보실 때
죽기까지 따르오리 저들 대답하였다.
우리의 심령 주의 것이니 당신의 형상 만드소서.
주 인도 따라 살아갈 동안 사랑과 충성 늘 바치오리다."

김 집사는 깜짝 놀라며 눈물이 핑 돌았다. 이 찬양은 지금은 돌아가신 김 집사의 어머니가 좋아하셔서 자주 불렀던 찬양이었다. 김 집사 역시 어머니의 영향으로 이 찬양을 가장 좋아했다. 김 집사는 하나님이 자기 부부를 이 교회로 인도하고 계심을 선명하게 느꼈다.

닫힌 그 길이 하나님의 뜻이 아니기에 한쪽 길을 막으시고 다른 길을 여시는 때도 있다. 강진화 자매는 전문대 졸업 후 교육 콘텐츠를 만드는 회사에 취업했고, 3개월을 다니다가 회사 대표의 비인격적인 대우로 그만두었다. 이후 적성에 맞는 쪽으로 좀 더 공부하여 전문성을 갖추어야겠다는 생각이 들었고, 1년 동안 독학해서 학사학위를 땄다. 그리고 상담대학원 입학준비를 2년 동안 더 했지만 끝내 불합격했다.

두 번째 결과 발표 전에 혹시 불합격하면 어떤 마음을 먹고, 어떻게 행동해야 할지를 생각해두었다. 만약 불합격할 경우 하나님을 원망하지 않기, 좌절하지 않기, 대학원에 더 이상 미련을 갖지 않기, 빨리 취업하기 등으로 자매는 다짐했다. 결과는 실패였다. 하지만 마음의 준비를 했기 때문인지 첫 번째 탈락 때보다 충격은 크지 않았다.

자매는 이력서를 준비해서 취업 중개사이트에 등록했다. 몇 주 후, 자매는 셀프 빨래방 프랜차이즈 회사에 1호 직원으로 뽑혔다. 신생업체여서 월급이 많은 것도, 체계가 잡힌 것도 아니었다. 자매는 면접 자리에게 만난 대표님이 인격적이어서 출근하기로 결정한 것이었다. 회사에서는 자매 외에 직원 몇 명을 추가로 뽑았다. 신생업체이다 보니 다 같이 공부하고 아이디어를 내는 분위기가 자연스럽게 형성되었다. 관리자들은 직급이 달라도 차별하지 않고 동등하고 따뜻하게 대우해주었다.

윗사람들이 권위를 앞세우지 않아 자매는 능력을 제대로 발휘할 수 있었고, 얼마 지나지 않아 인정받게 되었다. 대표님이 회사금고 비상열쇠도 맡길 정도로 자매를 신뢰했다. 자매는 대학원 시험 실패로 인해 떨어진 자신감을 회복하게 되었다. 재정적인 문제도 해결되었고, 더 나아가 감정적인 안정도 찾게 되었다.

셋째, 길은 닫혔지만 닫힌 그 길을 가는 것이 하나님의 뜻인 경우도 있다. 데살로니가전서 2장에서 바울은 여러 번 데살로니가 교인들을 만나러 가기를 원했지만 사탄이 바울 일행을 막았다고 말했다(살전 2:18). 바울은 참다못해 바울과 일행은 아덴에 머물고, 자기를 대신하여 디모데를 데살로니가교회로 보냈다. 디모데는 데살로니가 교인들을 만나 그들의 믿음을 굳건하게 하며, 많은 환란 가운데 흔들리지 않도록 권면했다(살전 3:1-3).

이 사례에서 바울의 데살로니가 행은 길이 막혔다. 하나님의 뜻은 바울이 데살로니가에 가는 것이었지만 사탄이 길을 막았다. 환경은 막혔지만 막힌 그 환경을 돌파하는 것이 하나님의 뜻인 경우도 있다. 환경을 통해서 하나님의 뜻을 찾지 말고, 하나님을 통해서 환경을 바라봐야 하는 이유가 바로 여기에 있다.

전도하다 보면 길이 막히는 경우를 많이 경험하게 된다. 전도를 통한 영혼구원은 분명한 하나님의 뜻이지만 그 과정이 순탄하지 않다. 예를 들어 주일 아침, 교회에 함께 가기로 약속한 친구에게서 못 가겠다는 연락이 오기도 한다. 갑자기 몸이 아프다든지, 사고가 생겼다든지 해서 토요일 밤까지 이상 없던 약속이 깨지는 경우가 흔하다. 이런 문제의 원인 역시 사탄이 길을 막아서다.

일터에서 믿음으로 살고자 애쓰지만 일이 잘 안 풀릴 때도 있다. 내가 정직하기에 오히려 핍박받을 수도 있다. 법을 어기는 일을 하지 않아서 승진에서 누락되는 경우도 있다. 환경이 막혔기 때문에 하나님의 뜻이 아닌 게 아니다. 사탄이 아무리 방해를 하더라도, 길이 아무리 막히더라도 성도들은 하나님의 뜻대로 살아야 한다.

「천로역정」을 쓴 존 번연은 1651년 열정적으로 성경 말씀을 가르치는 목사로부터 깊은 감동을 받았다. 이를 계기로 성경을 깊고 자세히 읽기 시작했다. 성경을 깨달을수록 하나님의 은총을 확신했고, 오랜 내면의 갈등에서 벗어날 수 있었다.

번연은 성경을 깊이 연구하여 설교자로 세워졌으나 종교탄압으로 인해 감옥에 투옥되기를 반복했다. 그는 1675년에 다시 투옥되었을 때 「천로역정」을 집필하기 시작했다. 그는 개인적인 체험과 성경을 기반으로 파괴의 도시에서 천상의 도시로 영적인 순례여행을 떠나는 성도의 모습을 그 책에서 자세히 묘사했다.

번연은 누가 보더라도 막힌 길인 감옥에서 동시대는 물론 후세에게까지 깊은 영적 통찰력을 제공해주는 책을 썼다. 번연의 사례는 길이 막혀 있더라도 그곳에 얼마든지 하나님의 뜻이 있을 수 있다는 사실을 보여준다.

그러기에 우리는 환경을 통해 하나님의 뜻을 찾지 말고, 하나님을 통해 환경을 바라보도록 주의해야 한다. 하나님은 환경을 변화시키면서 일하신다. 환경을 통해 하나님의 뜻을 짐작하지 말고, 환경을 통해 일하고자 하시는 하나님의 의도를 질문해야 한다. 하나님의 뜻을 찾고 순종하려는 동기를 거룩하게 유지한다면, 우리는 하나님의 일하심을 볼 수 있다.

영적 이정표

인도하심이 특정 방향을 가리키는가?

이정표는 도로상에서 목적지까지의 거리 및 방향을 알려주는 표시이다. 영적 이정표는 우리의 인생길 가운데 이정표와 같은 역할을 한다. 영적 이정표는 우리의 인생길 가운데 하나님이 인도하시는 중요한 사건을 뜻한다. 영적 이정표는 다양한 사건과 방법을 통해 반복해서 혹은 일정한 방향으로 이끄시는 하나님의 인도하심이다. 영적 이정표는 하나의 방법이기보다는 여러 가지 방법을 통해 종합적으로 드러나는 인도하심이다.

포도나무교회 여주봉 목사는 자신의 설교에서 영적 이정표가 갖는 특징을 '통일성과 선명함'으로 규정했다. 여 목사는 "하나님은 자신의 뜻을 점진적으로 계시하는데, 그 흐름을 통해서 인도하심을 선명하게 이해할 수 있다. 흐름과 동일선상에 있지 않은 것은 하나님의 뜻이 아닌 것으로 분별할 수 있다"라고 말했다.

영적 이정표들은 일정한 방향을 가리키며 일관성을 갖게 된다. 예를 들어 서울에서 부산으로 간다고 가정해보자. 중요한 이정표는 천안, 대전, 대구라고 할 수 있다. 이정표를 따라가면 자연스럽게 부산에 도착하게 된다. 길이 일직선이 아니기에 방향은 좌우로 약간씩 변화될 수 있지만 목적지를 향한 방향은 분명하다.

영적 이정표는 시간이 지날수록 점점 선명해진다. 영적 이정표는 당시에는 정확하게 이해하지 못하다가 나중에 선명하게 이해되기도 한다. 어떤 선택을 할 때 하나님이 지금까지 인도해주신 영적 이정표를 점검해보면 큰 도움이 된다. 기존의 방향과 맞지 않거나 통일성이 없는 선택은 자연스럽게 하나님의 인도하심이 아니라는 사실을 깨달을 수 있다.

사도 바울의 삶에서도 일관되게 '고난 가운데 이방인 선교'를 향한 영적 이정표가 발견된다. 하나님은 바울을 이방인, 왕들, 이스라엘 백성들에게 전도하기 위해 부르셨다. 하나님은 바울이 복음으로 인해 고난받을 일을 예언하시고, 끊임없이 이방인들에게로 보내셨다.

"주께서 이르시되 가라. 이 사람은 내 이름을 이방인과 임금들과 이스라엘 자손들에게 전하기 위하여 택한 나의 그릇이라.

그가 내 이름을 위하여 얼마나 고난을 받아야 할 것을 내가 그에게 보이리라 하시니"(행 9:15-16).

사도 바울은 바나바의 도움으로 안디옥교회에서 목회를 시작했다. 제1, 2, 3차 전도여행과 로마로 사로잡혀 가는 과정에서 소아시아 지역, 유럽과 로마의 이방인들에게 복음을 전했다. 제3차 전도여행이 끝나갈 무렵, 아가보 선지자가 유대로부터 내려와서 바울의 띠로 자기 손발을 묶은 채 예언을 했다. "성령이 말씀하시되 예루살렘에서 유대인들이 이같이 이 띠 임자를 결박하여 이방인의 손에 넘겨주리라"(행 21:11).

바울은 이 예언을 듣고 모든 사람이 만류했음에도 예루살렘으로 향했다. 그 길이 '이방인 선교'의 방향이었기 때문이다. 하나님이 자신을 이방인에게로, 로마로 보내실 것을 알았다. 그는 복음을 전하는 과정에서 고난받는 것을 두려워하지 않았다. 오히려 그리스도의 남은 고난에 동참한다는 기쁨을 누렸다. 그의 삶은 하나님이 보여주시는 영적 이정표를 따라 걸었다. 그는 영적 이정표를 벗어나지 않았기에 하나님의 뜻 안에 있을 수 있었다.

4세기 말, 스코틀랜드에서 태어난 파트리키우스는 어릴 때 아일랜드 해적에게 잡혀 노예로 팔려갔다. 그는 북아일랜드에서 6년간 노예생활을 하다가 어느 날 극적으로 탈출했다. 고향으로 돌아가는 길에 그는 꿈속에서 아일랜드 어린이들이 "이곳에 와서 우리와 함께 해주세요. 우리에게 복음을 전해주세요"라며 애원하는 모습을 보게 되었다.

그는 사실 노예로 잡히기 전에는 신앙에 진지한 관심이 없었다. 노예생활을 하면서 하나님을 의지하게 되었고, 진지하게 많은 기도를 드렸다. 탈출한 이후에는 신앙을 좀 더 깊이 이해하고 선교사가 되기 위해 프랑스에 있는 수도원에 들어갔다. 그곳에서 성경을 연구하며 선교사로서의 준비를 했다. 그는 자신이 경험한 노예생활을 회개의 기간이자 선교사로서의 준비기간으로 받아들였다. 그는 노예 경험을 통해 오히려 아일랜드에 복음을 전하고 싶다는 열망이 자라났기 때문이다.

준비를 마친 그는 마침내 아일랜드에 도착하여 복음을 전했다. 노예생활을 했던 경험이 복음 사역에 큰 도움을 주었다. 아일랜드 사람들을 이해할 수 있었기에 그들에게 어떻게 복음을 전해야 하는지를 잘 알았다. 파트리키우스는 평생 사역하여 약 300개의 교회를 설립했고, 12만 명에게 세례를 주었다고 한다. 하나님은 아일랜드에서의 노예생활, 아이들이 초청하는 꿈, 내면의 열망을 통해 파트리키우스를 '아일랜드의 복음화'라는 한 길로 이끄셨다.

나는 고등학교 때 하나님의 존재를 처음 알게 되었다가 해군에서 군함을 타고 복무할 때 하나님을 강렬하게 체험했다. 제대하고 나서 대학생 선교단체에 입회했다. 그 단체의 이름이 '네비게이토'였다. 네비게이토는 도슨 트로트맨이 창시한 선교단체로 미해군들을 전도하면서 시작된 단체였다. 초창기 멤버들은 당연히 해군들이 많았다. 나는 네비게이토선교회에 들어가고 나서 '하나님이 참 재미있게 인도하시는구나' 라는 생각이 들었다.

하나님을 만나고 복음을 전하는 자로, 십자가를 전하는 자로 살기로 헌신했다. 그 후 컴퓨터전문인선교회(FMnC)에서 평신도 선교사로 훈련받던 중 '여호수아' 라는 이름을 하나님에게로부터 받았다. 하나님이 나를 '복음으로 영혼 구원' 이라는 길로 이끄시고 계심을 느꼈다. 내 아이들의 이름을 여호수아에서 따서 호수, 수하라고 지음으로써 나는 하나님에게 응답했다.

나는 목회자가 되기 위해 신학대학원에 진학했다. 신학대학원에서 복음을 전하고 제자 삼는 '여호수아전도단' 에 입단하여 훈련을 받았다. 당시 지도하시던 목사님은 네비게이토 출신의 목회자였다. 해군 복무 중 복음을 위하여 살겠다는 나의 결단과 헌신을 주님은 받으셨다. 이후 네비게이토선교회, 컴퓨터전문인선교회, 여호수아전도단, 일터사역훈련센터를 거쳐 지금은 예함교회 담임목사로, 전인성장연구소 대표로 복음을 전하며 사람을 살리는 사역을 감당하고 있다.

자연적인 방법을
확인하라

중세에는 성경이나 책을 소유한 사람들이 많지 않았다. 수도사들이 양피지나 파피루스에 일일이 필사하는 방식으로 책을 만들었기에 시간도 많이 걸리고 가격도 엄청 비쌌다. 그러다 보니 자연히 귀족이나 부유한 상인 등 극소수의 사람만이 성경을 소유할 수 있었다. 이런 상황에서 15세기 중반, 요하네스 구텐베르크가 금속활자를 이용한 인쇄기를 개발했다. 그리하여 필사본과는 비교할 수 없는 싼 가격에 성경을 보급할 수 있게 되었다. 1483년, 루터가 태어났을 때에는 유럽 대부분의 나라에서 인쇄기를 보유할 정도로 보급되었다. 구텐베르크의 발명은 성경을 많이 보급할 수 있게 하였고, 종교개혁에 큰 기여를 하게 되었다. 루터는 성경을 읽기 쉬운 독일어로 번역하여 대량으로 보급했다. 결국 성직자가 아닌 일반인도 성경을 직접 읽고 하나님의 뜻을 알게 되었다. 하나님은 구텐베르크의 직업활동 가운데 영감을 주시고, 그의 직업활동을 통해 하나님의 뜻을 이루어 가셨다.

자연적인 방법에는 자연법칙, 자기 판단, 양심, 소원, 기질, 소유, 재능과 적성, 사랑과 신앙 등이 있다. 자연적인 방법은 성도뿐만 아니라 비신자 모두에게도 공통적으로 열어주시는 방법이다. 보편적인 영적 방법과 특수한 영적 방법이 하나님의 특별 은총이라면 이 자연적인 방법은 일반 은총에 속한다. 자연적인 방법의 중요한 특징은 선택의 기준과 능력을 사람에게 선천적으로 부여하신 것이다. 성도 자신이 성경으로부터 하나님의 선한 의도를 파악하고, 자기 의지로 하나님의 뜻을 선택하는 방식이다.

자연법칙의 관점에서 바라볼 필요가 있는가?

탈봇신학교 학장인 빙햄 헌터 박사는 그의 저서 「프레어」에서 자연적인 방법을 잘 설명하고 있다. "주님의 말씀이 당신 마음에 있고, 주의 성령이 당신의 가슴에 있다면, 그리고 주님을 기쁘게 해드리려는 소망에서 당신의 뜻이 나왔다면 가장 선하게 보이는 길을 따르고, 그 길이 하나님의 응답이라고 생각해도 좋다."

하나님은 이미 우리에게 허락하신 양심, 소원, 기질, 재능과 적성, 사랑, 지식, 의지 등을 통해 말씀하신다. 사실 점심 먹을 때 "하나님, 김치찌개를 먹을까요? 된장찌개를 먹을까요?"라고 질문하면 하나님은 보통 "김치찌개를 먹어라" 이렇게 대답하지는 않으신다. 우리는 점심으로 무엇을 먹을지 선택할 수 있는 자유가 있다.

자연법칙은 하나님의 창조질서이다. 예를 들어 인간은 중력의 법칙을 거스를 수 없다. 63빌딩에서 뛰어내리면서 "하나님, 구원해 주세요"라고 기도한다면 그 기도가 응답되겠는가? 물 위를 걸어 한강을 건너가고 싶다는 기도를 한다면 그 기도가 응답되겠는가?

하나님이 세상을 운영하시는 방식을 보면 자연법칙을 좀 더 확실하게 이해할 수 있다. 하나님은 크게 직접 개입하심, 허락하심, 내버려두심으로 세상을 운영하신다.

'직접 개입하심'은 성도들에게 매우 익숙한 개념이다. 하나님이

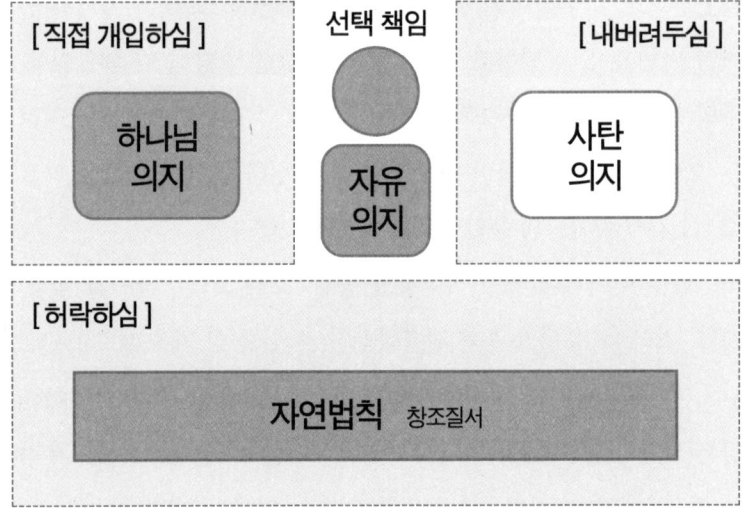

성도의 삶 가운데 직접 인도하거나 도우시는 방식을 말한다. 예를 들면 다니엘이 모함에 의해 사자굴에 던져졌을 때 하나님은 직접 천사를 보내어 사자들의 입을 봉하셨다(단 6:22). 출애굽 당시에 하나님은 홍해를 가르시고 사막 가운데서 만나와 메추라기를 주셨다. 이스라엘 백성들은 광야 40년 내내 옷과 신발이 낡아지지 않았다. "주께서 사십 년 동안 너희를 광야에서 인도하게 하셨거니와 너희 몸의 옷이 낡아지지 아니하였고 너희 발의 신이 해어지지 아니하였으며"(신 29:5).

성경에는 하나님께서 직접 개입하신 사건들이 주로 기록되어 있다. 그래서 많은 성도들은 매사에 하나님이 직접 개입으로만 인도하거나 도우시는 줄로 오해한다. 하나님은 성도들의 삶 전체를 직접적인 개입으로만 인도하진 않으신다.

하나님이 세상을 운영하시는 방식을 정확하게 이해하기 위해서는 '허락하심'이라는 측면을 이해해야 한다. 하나님의 허락하심은 자연법칙 속에 잘 나타난다. 자연법칙이란 예를 들면 "사람은 공기를 호흡하고 밥을 먹어야 산다. 사람은 운동을 해야 건강하다. 물은 높은 곳에서 낮은 곳으로 흐른다. 사람은 물에 빠진다. 공부를 해야 성적이 오른다. 열심히 일을 해야 돈을 벌 수 있다. 배고픈 사자는 사람도 잡아먹을 수 있다. 사람이 기름 가마에 들어가면 죽는다." 이런 내용을 말한다. 자연법칙은 하나님의 창조질서이며, 하나님의 법칙이다.

성도들은 자연법칙을 무너뜨리는 방향으로 기도를 하는 경향이 많다. 당연하게도 이런 기도는 잘 응답되지 않는다. 하나님은 직접 개입하여 초자연적인 기적을 베푸시는 방식보다 자연법칙을 기본 법칙으로 하시기 때문이다.

다니엘은 하나님의 직접적인 개입으로 인해 사자의 입에서 구원 받았다. 이에 비해 초대교회의 많은 신실한 성도들은 공권력에 의해 핍박받다가 사자 밥이 되거나 불에 타 죽었다. 그들은 믿음을 지키기 위해 자연법칙 안에서 죽어갔다. 그러나 하나님은 경건한 자들의 죽음을 귀중하게 여기신다. "그의 경건한 자들의 죽음은 여호와께서 보시기에 귀중한 것이로다"(시 116:15). 자연법칙 안에서 죽었다고 그들의 죽음이 헛된 일은 아니다. 하나님이 무능력하신 것도 아니고, 그들의 믿음이 약했던 것도 아니다.

하나님은 사탄의 의지와 악인의 의도를 일시적으로 '내버려두시는' 경우가 있다. 하나님은 악인을 자기 마음의 정욕대로 더러움에 내버려두시고, 부끄러운 욕심에 내버려두시고, 상실한 마음대로 내버려두신다. "그러므로 하나님께서 그들을 마음의 정욕대로 더러움에 내버려두사 그들의 몸을 서로 욕되게 하게 하셨으니"(롬 1:24). 사람이 하나님을 선택하지 않고 사탄을 선택하여 지속적으로 불순종하며 살아갈 때 하나님은 그 사람의 강퍅한 마음 그대로 그냥 내버려두신다. 그들은 하나님의 형상대로 태어났지만 짐승처럼 살다 짐승처럼 죽는 사람들이다.

사람은 하나님의 의도에 순종할 수도 있고 대적할 수도 있다. 또한 사람은 사탄의 악한 의도를 선택할 수도 있고 거절할 수도 있다. 바람직하지는 않지만 경우에 따라 사람은 스스로 판단하여 자신의 생각과 의지를 하나님에게 관철시킬 수도 있다. 어떤 선택을 하든지 간에 하나님은 결과에 대해서 심판하신다.

하나님이 직접 개입하여 사자의 입에서 구원한 다니엘을 순교한 사도들보다 더 사랑한다고 말할 수 없다. 직접 개입하셔서 초자연적인 기적을 베푸시든, 자연법칙 가운데 고통받고 순교하든 간에 모두 하나님의 선하신 의도 가운데 있다. 순교자들은 자연법칙 안에서 죽음으로써 하나님에게 영광을 돌렸다. 베드로와 사도들이 순교로 하나님에게 영광을 돌렸던 것처럼. "이 말씀을 하심은 베드로가 어떠한 죽음으로 하나님께 영광을 돌릴 것을 가리키심이러라"(요 21:19).

자기 판단

성경 안에서
내가 결정할 문제인가?

자기 판단은 하나님이 태생적으로 사람에게 주신 지성, 자유 의지, 왕의 권세로 이 땅에서 선한 일을 선택하고, 하나님의 뜻이 이루어지도록 결정하는 방식이다. 하나님은 각자에게 하나님을 닮은 지적 능력을 허락하셨다. 그래서 하나님은 "주의 뜻이 무엇인가 이해하라" (엡 5:17)고 강권하신다. 하나님은 성도들이 성경을 공부하고 이해하며 순종하길 기대하신다. 하나님은 사람이 자신의 지성을 통해 하나님과 세상을 이해하고 상황에 맞는 판단을 할 수 있도록 만드셨다.
또한 하나님은 사람에게 자유 의지를 주셨다. 심지어 사람은 창조주이신 하나님의 뜻에 순종할지, 불순종할지까지도 선택할 수 있다. 물론 하나님은 사람이 자기 의지로 하나님과의 관계를 유지하며, 하나님의 뜻에 순종하기를 의도하셨다.

하나님은 사람에게 하나님을 대신하여 이 땅을 통치하도록 권세를 주셨다. 이 세상을 정복하고 다스리라는 것은 사람이 주도적으로 판단하고 결정할 수 있는 부분이 많음을 뜻한다. "하나님이 그들에게 복을 주시며 하나님이 그들에게 이르시되 생육하고 번성하여 땅에 충만하라. 땅을 정복하라. 바다의 물고기와 하늘의 새와 땅에 움직이는 모든 생물을 다스리라 하시니라"(창 1:28).

2010년, 내가 예함교회를 개척하고 예배 처소를 찾을 때였다. 하나님에게 적절한 장소를 얻을 수 있도록 열심히 기도하면서 십여 곳의 후보지를 직접 방문했다. 아내와 의논하기도 하고, 하나님이 기뻐하시는 장소를 선택할 수 있도록 지혜를 달라고 간구했다.

결국 선택한 곳은 처음 방문했던 장소였다. 그곳은 다른 목사님이 요양방문센터 겸 기도원으로 사용했던 곳이었다. 상가 교회의 일반적인 구조와는 달리 전체 40평 정도의 규모에서 절반 정도가 본당이었다. 보통 상가 교회는 본당이 90% 정도를 차지하는 구조로 되어 있고, 나머지 부분은 목양실과 자모실로 사용할 수 있도록 꾸며져 있었다. 나는 개인적으로 상담과 양육을 많이 하기 때문에 목양실이 넓은 구조를 원했다. 다른 불편한 부분들이 있었지만 처음 본 장소가 내가 원했던 구조에 가장 근접했다. 어디를 선택할지 수개월을 하나님에게 기도했지만 하나님은 이곳이라고 점찍어주지 않으셨다. 나는 교회 예배당으로 사용할 장소였기 때문에 하나님의 직접적인 응답을 기대했지만 하나님은 말씀하지 않으셨다.

나는 아내와 의논했다. 선택 기준은 사택에서 가까울 것, 내가 원하는 목회를 할 수 있는 구조일 것이었다. 여러 장소를 살펴보면서 아내와 나는 결국 처음 본 그곳으로 결정했다. 그리고 결과는 지금까지 만족스럽다.

특별한 상황에서 구체적인 말씀이 주어지지 않는 이유에 대해 기독교 사상가 달라스 윌라드는 그의 저서 「하나님의 음성」에서 하나님에게 의도가 있다고 말한다. "주된 이유 중 하나는 일반적으로 삶의 행로를 정할 때 대부분 우리 자신이 알아서 하는 것이 하나님의 뜻이라는 것이다. 하나님은 우리에게 결정권을 맡김으로써 우리의 성품을 계발하기도 하시고, 우리의 유익을 위해 그것을 시험하기도 하신다."

자기 판단에서는 하나님의 뜻을 빙자하여 자기가 원하는 것을 선택하지 않도록 주의해야 한다. 자신이 성공하고 부자가 되는 일이 하나님의 뜻이라고 선입관을 가진 사람도 많다. 사람은 악하고 이기적이기 때문에 자기의 이익을 취하기 위하여 너무나도 쉽게 하나님의 이름을 팔 수 있는 존재이다. 우리는 신앙 양심을 따라 성경적인 원리 안에서 하나님을 기쁘시게 하는 선택을 해야 한다.

내 양심이
무엇이라 말하는가?

양심은 가치를 판단하고, 옳고 그름을 분별하는 의식을 뜻한다. 하나님은 사람의 내면에 미리 내재된 양심을 통해서도 말씀하신다. 양심은 선천적이기 때문에 성도나 비신자에게 공통적으로 존재한다. 양심은 선천적으로 타고난 것이라 배우지 않아도 안다. 시험 볼 때 커닝을 하거나, 거짓말을 하거나, 사기를 치거나 하면 보통 사람들은 긴장이 된다. 손이 떨리거나 목소리가 떨린다. 그것이 잘못된 행동이라는 사실을 알기 때문이다.

행사 및 광고를 대행하는 A회사에서 근무하고 있는 김영익 형제는 회사 업무상 양심의 가책을 느껴 회사를 그만둔 경험이 있다. A회사는 B대기업에서 대형행사를 수주하여 큰 액수의 예산을 따냈다. 그런데 A회사의 대표가 행사예산을 횡령하여 행사와 상관없는 다른 프로젝트에 쓰기 시작했다. 돈을 B대기업과 다른 프로젝트 발주사 양쪽에서 받았다. 예산 집행은 한 번 하고 양쪽으로 비용처리를 한 것이다. 직원들이 이 상황을 알게 되어 대표를 만류했지만 대표는 무시했다. 심지어 대표는 회사 비품, 개인 비품까지 행사 예산으로 처리하기도 했다. 당연히 행사 예산에는 구멍이 날 수밖에 없었다. 직원들은 야근을 할 때 식사비, 교통비도 지원받지 못한 채 일해야 했다.

결국 B대기업에서 이상히 여기고 감사를 했다. 모든 사실이 밝혀지고 A회사는 거액의 배상금을 지불해야만 했다. 이런 와중에 많은 직원들이 실망을 하고 회사를 떠나갔다. 영익 형제도 이직 여부를 두고 수개월 동안 기도하다가 결국 회사를 떠났다. 일을 하면서 대표에게 정직하게 일할 것을 여러 차례 건의했으나 그때마다 묵살당했다. 이 회사에 남아 있는 한 자신의 양심에 반하는 일들이 반복해서 일어날 것이라 생각했기 때문에 영익 형제는 A회사를 부담 없이 떠날 수 있었다.

성경학자 워렌 위어스비 박사는 「양심」이라는 자신의 저서에서 신앙과 양심의 상관관계에 대해 이렇게 말한다. "누구나 그리스도인이 되면 하나님께서는 그의 양심을 깨끗하게 하신다. 과거에 무엇을 했든지, 얼마나 많은 죄를 범했든지 상관없이 우리의 양심을 깨끗하게 하신다. 양심이 깨끗이 청소되면 하나님의 말씀이 우리 속에 들어오게 된다. 말씀 속에서 하나님의 확실한 표준을 발견하게 된다. 이렇게 우리가 하나님의 말씀에 순종하면 양심은 더욱 깨끗해지고, 더 많은 빛이 들어오게 된다." 위어스비 박사의 말은 선천적인 양심이 신앙의 영향을 받아 어떻게 발전하는지를 자세히 설명해준다.

성도인데 악한 양심을 가진 사람이 있고, 비신자인데 선한 양심을 가진 사람도 있다. 양심은 선천적이기 때문에 비신자임에도 좀 더 선한 양심을 타고 나는 경우가 있다. 분명한 것은 성도의 경우 위어스비의 말처럼 하나님과의 친밀한 관계가 강해질수록, 하나님의 말씀을 깨달을수록 양심이 점점 더 깨끗해진다는 사실이다. 그렇지 않다면 정상적으로 신앙생활을 하는 것이 아니다.

하나님이 주신
선한 소원이 있는가?

하나님은 성도의 마음속에 바라고 원하는 일, 곧 소원을 통해서 일을 이루기도 하신다. 성도들은 자신이 하고 싶은 일을 함으로써 하나님께서 당신의 뜻을 이루어가시는 방식이다. "너희 안에서 행하시는 이는 하나님이시니 자기의 기쁘신 뜻을 위하여 너희에게 소원을 두고 행하게 하시나니"(빌 2:13).

나는 내 나이 서른여덟이었던 2010년 12월 1일, 지금 섬기고 있는 예함교회를 개척했다. 개척한 지 수년이 지나자 개척 초기부터 있었던 여러 가지 어려움과 갈등이 해결되면서 교회가 점점 안정되어갔다. 교회는 안정되었지만 나의 기대만큼 시원시원하게 성장하지는 않았다. 대형 교회를 추구하지는 않았지만 한 사람 한 사람을 전도하고 상담하며 양육하는 사역을 꾸준히 하고 싶었다.

2015년 1월이 되자 내 마음에 간절한 소원이 생겼다. 10년 이상 성도들을 개인적으로 도우며 연구한 내용을 책으로 쓰고 싶었다. 내가 발견하고 체험한 하나님의 지혜를 좀 더 많은 사람들에게 알리고 한국교회에 작게나마 기여하고 싶었던 것이다. 그래서 내가 연구한 자료를 기반으로 1월부터 책을 쓰기 시작했다. 오랜 시간 연구하고 상담한 다양한 사례들을 많이 모아두었기에 책으로 엮어내기까지 오래 걸리진 않았다. 4개월 정도 만에 원고를 완성했다. 이후 두 달 동안 체계적이고 논리적인 전문성을 가진 성도의 도움을 받아 원고의 구조와 논지를 분명하게 다듬었다.

그해 9월 도서출판 브니엘과 계약을 맺어 2016년 나의 첫 번째 책 「어떻게 신앙은 성장하는가?」가 출간되었다. 내 사역의 결과물은 인정을 받았고, 책을 내려는 노력은 결실을 맺었다. 이후 지금까지 모두 열 권의 책을 출간했다. 하나님은 나의 절박한 마음과 간절한 소망을 사용하셨다. 10년 이상 한 사람 한 사람을 돕고자 애썼던 나의 진심을 알아주셨던 것이다. 하나님은 나의 소원을 통해 일하셨다.

소원에서 주의할 점은 하나님은 우리 마음의 소원을 통해 일하실 수 있지만, 그렇다고 해서 내 마음의 모든 소원이 하나님의 뜻이라는 의미는 아니라는 사실이다. 이는 분명하게 나누어서 이해해야 하는 부분이다. 예를 들어 한 자매를 좋아하는 형제가 결혼에 대해 기도할 때마다 그 자매의 얼굴이 떠오를 수 있다. 이 형제의 소원은 그 자매와 결혼하는 것이다. 그렇다고 그 결혼이 하나님의 뜻이라 할 수 있겠는가?

무엇이 나의 기질에 더욱 잘 부합되는가?

기질은 타고난 성격을 말한다. 하나님은 사람의 주도적인 기질, 사교성이 풍부한 기질, 강직한 성격, 부드러운 성격, 따뜻한 성격 등 다양한 기질을 통해 일하실 때가 있다. 성격과 기질은 하나님의 창조질서에 속한다. 하나님이 나를 그렇게 만드셨다. 그래서 하나님의 인도하심을 받을 때 기질 또한 중요하게 고려해야 할 부분이다.

사도행전 15장에는 초대교회에서 가장 성숙한 사람이었던 바울과 바나바가 서로 갈등한 사건이 기록되어 있다. 바울과 바나바는 제2차 전도여행을 계획하고 있었다. 이때 바나바는 제1차 전도여행에서 중도 포기한 마가 요한을 데려가려고 했다. 하지만 바울은 "밤빌리아에서 자기들을 떠나 함께 일하러 가지 아니한 자를 데리고 가는 것이 옳지 않다"(행 15:38)고 하며 반대했다.

결국 바울과 바나바는 서로 심히 다투어 피차 갈라섰다. 바나바는 마가를 데리고 배를 타고 구브로로 갔고, 바울은 실라와 함께 선교팀을 꾸렸다. 바울은 사명 중심적인 기질이 강했고, 바나바는 사람 중심적인 기질이 강했다. 사실 바울은 바나바에게 큰 도움을 받은 경험이 몇 번 있었다. 기독교를 박해했던 바울의 회심이 의심받고 있었을 때 그를 믿어준 사람이 바나바였고, 안디옥교회에서 사역할 수 있도록 기회를 준 사람도 바나바였다. 이렇게 볼 때 바울이 바나바에게 싫은 소리를 하기는 쉽지 않았을 것이다.

선택을 두고 보자면 바울도 이해가 되고, 바나바도 이해가 된다. 바울의 입장에서는 선교의 중차대함을 놓고 봤을 때 신뢰할 수 있는 사람들로 선교팀을 꾸리고 싶었을 것이다. 그러나 자비심 많은 바나바의 입장에서는 사랑하는 조카에게 한 번 더 기회를 주고 싶었을 것이다. 결과를 놓고 봤을 때 하나님은 이 갈등을 별도의 선교팀으로 일하게 하는 계기로 삼으셨다. 또한 바나바의 애정을 통해 마가 요한은 후에 신실하게 성장하여 마가복음까지 저술하게 되었다. 바울 또한 후에 마가가 자신의 사역에 유익한 인물이라 고백했다. "누가만 나와 함께 있느니라. 네가 올 때에 마가를 데리고 오라. 그가 나의 일에 유익하니라"(딤후 4:11).

종교개혁 이전에 2~3세기를 앞서 살았던 존 위클리프는 솔직하고 강직한 사람이었다. 위클리프는 당대의 유명한 학자로서 개혁사상을 담대하게 주장했다. 그는 가톨릭의 권력과 부패, 면죄부, 성직계급, 성인의 유골, 심지어 교황의 권위에 이르기까지 성경과는 다른 부분들을 논쟁했다. 그의 개혁적인 사상으로 인해 그의 저작물들은 판매 금지되거나 소각되었다. 심지어 옥스퍼드대학의 교수직마저 박탈당했다.

그러나 위클리프는 이에 굴복하지 않고 모든 사람이 자신의 언어로 성경을 읽어야 한다고 주장하며, 몇몇 학자들과 함께 최초의 영어성경을 번역했다. 그는 "성경이 그리스도를 전하고 있으며, 구원에 필요한 모든 것을 가르치고 있기에 성경은 성직자뿐만 아니라 모든 사람을 위해 존재한다"라고 주장했다. 그가 번역한 성경은 후에 '위클리프 성경'으로 불리게 되었다.

하나님은 위클리프의 지성과 강직함을 통해 일하셨다. 그의 지성을 통해 자국어 성경의 중요성을 알려주셨고, 그의 강직한 성품을 통해 실제로 자국어 성경 번역을 해내게 하셨다. 훗날 그는 '종교개혁의 새벽별'이라는 평가를 받게 되었다.

반대로 사람의 약한 기질을 하나님이 보완해주시는 경우도 있다. 현주화 자매는 마음이 쉽게 불안해지고 약한 기질을 지녔다. 체력도 약하고 위장기능도 약했다. 주화 자매는 최근에 어렵게 취업한 회사에서 과도한 업무에 시달리며 힘든 시간을 보냈다. 일주일에 며

칠씩 야근하는 게 예사였다. 회사를 이직하는 문제로 고민하며 기도했으나 당장 뾰족한 방법이 없었다.

기도 중에 이직하기로 결정했지만 자매는 마음이 불안하고 힘들었다. 그러던 어느 날 아침, 시편 말씀을 묵상했다.

"나의 힘이신 여호와여 내가 주를 사랑하나이다. 여호와는 나의 반석이시요 나의 요새시요 나를 건지시는 이시요 나의 하나님이시요 내가 그 안에 피할 나의 바위시요 나의 방패시요 나의 구원의 뿔이시요 나의 산성이시로다"(시 18:1-2).

자매는 시편 말씀을 통해 하나님께서 나의 힘이 되시겠다는 감동을 받았다. 하루하루가 여전히 힘들지만 방법을 찾을 때까지 하나님을 신뢰하고 의지하면 버틸 수 있겠다는 확신이 들었다.

기질에서는 자신의 기질을 무책임이나 나태함의 변명으로 삼지 않도록 주의해야 한다. 어떤 사람도 완벽한 기질을 지니고 태어난 사람은 없다. "나는 원래 이런 사람으로 태어났으니 이렇게 살다 죽을래. 나 건드리지 마!"라는 식의 태도는 주님을 섬기는 크리스천답지 못한 행동이다. 성도에게는 좋은 기질은 계속 발전시켜야 하고, 나쁜 기질은 고치도록 노력해야 하는 책임이 있다. 하나님은 나의 기질을 통해서도 일하신다. 나의 기질이 주의 일에 걸림돌이 되지 않도록 노력해야 한다.

내게 이미 주신 것은 어떤 의미가 있는가?

하나님은 내가 이미 소유한 것을 통해 말씀하시는 경우가 있다. 내가 이미 가진 것 속에 하나님의 뜻이 있다는 의미이다. 내가 가진 시간, 건강, 재산, 열정 등을 통해 하나님의 뜻을 발견하고, 하나님에게 영광을 돌릴 수 있는 선택을 할 수 있다.

'이웃 사랑'은 의심의 여지없이 하나님의 뜻이다. 초대교회에서 바나바는 '이웃 사랑'을 실천하기 위해 자신의 모든 소유를 팔아 사도들의 발 앞에 두었다. 사도들은 바나바와 같은 이들의 헌금을 모아 교회 안팎에서 가난한 자와 약자들을 도왔다.

초대교회 성도들은 성령이 충만하여 조금이라도 더 가진 자가 없는 자들과 나누며 섬겼다. 그들은 더 많이 가지려고 노력하지 않았다.

더 많이 나누려고 노력했다. 그들은 많든 적든 간에 자신이 이미 소유한 것으로 '이웃 사랑'이라는 하나님의 가치에 순종했다.

모태신앙으로 수십 년간 교회를 다녔던 김현숙 집사는 집사 직분을 받기까지도 하나님의 은혜를 깊이 몰랐다. 김 집사는 가끔 교회생활이 일처럼 느껴질 때도 있었고, 주일날 온종일 교회에서 보내는 시간이 답답하게 느껴질 때도 있었다. 김 집사는 다른 사람들이 경험한 하나님을 자신도 만나고 싶었다. 자신도 하나님의 사랑과 은혜를 깊이 느끼고 싶었다.

김 집사는 집사 직분을 받을 때 하나님에게 간절히 매달렸다. 더 이상 하나님의 은혜를 아는 척 가식적으로 살고 싶지 않았다. 혼자서 40일 새벽기도를 작정했다. 작정한 새벽기도 기간을 마칠 때쯤 "딸아, 내가 너를 사랑한다. 내가 너와 항상 함께하겠다"라며 하나님이 주시는 감동을 크게 받았다. 김 집사는 자신을 사랑하시는 하나님의 사랑이 평생 처음으로 확실하게 느껴졌다. 하나님을 기쁘시게 해드리는 삶을 살겠다고 여러 번 다짐했다. 김 집사는 집으로 돌아오는 길에 세상이 달라보였다. 나무 한 그루, 꽃 한 송이에도 하나님이 계심을 느낄 수 있었다.

김 집사는 자신을 만나주신 하나님에게 무엇으로 감사할까 고민했다. 가난한 형편이라 재물로 뭔가 할 수 있는 건 없었다. 김 집사는 자신이 가진 건강과 시간으로 섬길 수 있는 일을 찾았다. 주중에는 출근해야 하는 상황이라 주말에 할 수 있는 봉사를 찾았다. 김 집사는 자신이 맛본 기도의 은혜와 능력을 다른 사람들도 경험하길 원해서 주일 오전에 모이는 중보기도팀에 참여했다. 중보기도를 하면서 하나님의 은혜가 성도들 가운데 함께하시기를 간절히 구했다. 또 주일 오후에는 전도팀 사역에 동참했다. 전도팀이 오랜 시간 활성화되지 않아서 명맥만 유지하는 상황이었다. 김 집사는 불신자들이 참으로 살아계신 하나님의 사랑을 알 수 있도록 매주 신실하게 전도에 동참했다.

소유라는 방법에서는 자신의 탐심을 정당화하지 않도록 주의해야 한다. 내가 더 많이 가질수록, 더 성공할수록 하나님에게 더 많은 영광을 돌릴 수 있다는 것은 착각이다. 하나님은 내가 가진 것으로 영광을 받으실 수 있고, 내가 가진 것이 없어도 충분히 영광을 받으실 수 있다. 가진 것이 많든지 적든지 간에 이미 가진 것을 통해 하나님의 뜻을 찾으려는 노력을 할 때 의미가 있다.

재능과 적성에
맞는 일인가?

재능과 적성이라는 방법은 하나님이 선천적으로 내게 주신 재능과 적성을 따라 전공과 직업을 선택하는 것이다. 재능은 잘하는 것이고 적성은 좋아하는 것이다. 대학에서 전공을 선택하거나 직장을 선택할 때 하나님이 구체적인 응답을 주시지 않는 경우가 대부분이다. 대학 입학원서를 쓰기 전까지 계속 기도했지만 하나님이 어느 대학, 무슨 학과를 쓰라고 응답을 주시지 않는 경우 무엇을 기준으로 삼아야 할까? 이때 적용할 수 있는 기준이 바로 재능과 적성이라는 방법이다.

재능과 적성은 하나님이 선천적으로 주신 것이기에 이 길을 따라가면 자연스럽게 하나님의 뜻에 부합하는 전공과 직업을 선택하게 된다. 반대로 당장 먹고살기 급급해서 재능이나 적성과는 다른 전공과 직업을 선택하는 경우가 있다. 이는 결국 재능과 적성을 주신 하나님의 뜻과는 다른 선택을 하는 것이다.

나 또한 전공을 선택할 때 많이 기도하고 고민했다. 고등학교 3년 내내 "하나님, 제가 어느 대학, 어느 학과에 가는 것이 하나님의 뜻입니까?"라고 정말 진지하게 기도했다. 하지만 하나님은 구체적으로 응답해주지 않으셨다. 원서를 쓸 때가 되자, 나는 당시 생각에 내가 잘할 것 같고 좋아할 것 같은 산업공학과를 선택했다.

학부와 대학원에서 영화를 전공한 김수인 형제는 어느 국제영화제에서 4개월간 한국 영화팀에서 일을 했다. 형제가 맡은 일은 국내 콘텐츠 수급 및 게스트 서비스였다. 형제는 초청된 한국 영화를 모두 보면서 잘못된 부분이 없는지 일일이 확인을 했다. 어떤 영화에는 몇 장면에서 자막이 없었고, 어떤 영화에서는 일본어 대사가 있는데 적절한 자막 처리가 되어 있지 않은 것을 발견했다. 감독들이 수정할 수 있도록 수인 형제는 적절한 조치를 취했다.

영화의 내용적인 면에서도 수인 형제는 관련자들과 전문적인 대화가 가능하여 빨리 신뢰를 얻었다. 형제는 감독과 관객의 중간역할을 충실하게 수행했다. 감독에게서 영화 정보를 받아 자막에 오류가 있는지 확인 후 자막팀에게 전달했고, 영화 예고편을 적합한 형식으로 인코딩 후에 홍보팀에게 전달하여 기자 회견 때 상영할 수 있도록 전달해주었다. 감독에게 예고편에 대한 평가를 해주고 여러 예고편 중 가장 반응이 좋은 것을 선택할 수 있도록 도왔다. 경우에 따라서는 새로 예고편을 편집하도록 조언하기도 했다. 이 일은 쉬운 편에 속했다.

그러나 이에 비해 게스트 서비스는 형제에게 힘든 일이었다. 게스트를 초청하기 위한 초청장 발송, 항공권, 기차표, 숙소, 리셉션, 정산, 의전 등을 모두 조정하는 일은 적성에 맞지 않았다. 성격이 꼼꼼해서 큰 실수는 없었지만 적성에 맞지 않다는 사실을 계속 확인하는 시간이었다.

계약이 종료되자 형제는 하나님에게 새로운 직장으로 인도해주시길 기도했다. 형제는 기도하면서 학부와 대학원에서 공부했던 내용을 정리하기도 했고, 영화제에서 경험한 자신의 재능과 적성을 확인하기도 했다. 결국 형제는 영상 콘텐츠를 기획, 촬영하는 회사로 이직했다.

직업활동 자체가 하나님의 뜻을 실현하는 훌륭한 방법이 될 수 있다. 윌리엄 윌버포스는 직업활동을 통해 노예제도를 철폐하고, 이웃 사랑의 큰 가치를 실천한 삶을 살았다. 윌버포스는 1759년, 영국의 부유한 가정에서 태어났다. 그는 청년 시절 회심하여 하나님에게 헌신했다. 현직 하원의원이었던 그는 그리스도께 대한 헌신과 정치적인 야망 사이에서 갈등한 적도 있었다.

윌버포스는 한때 노예선의 선장이었던 존 뉴턴 목사를 찾아가 조언을 구했다. 뉴턴 목사는 윌버포스에게 정계에 그대로 남아 있을 것을 권고했다. 의회에서 하나님의 뜻을 행할 것이 있지 않겠느냐고 설득했다. 하나님의 뜻을 찾던 윌버포스는 그때부터 평생을 노예제도를 폐지하는 일에 매달렸다. 여러 차례 노예제도 폐지 법안을 제출했지만 번번이 반대파들에게 공격을 당했다. 그러나 윌버포스는 포기하지 않고 꾸준히 노예제도를 폐지하기 위해 노력했다. 결실은 윌버포스가 죽고 난 후 나타났다. 윌버포스가 하나님의 품으로 돌아간 한 달 뒤인 1833년 8월, 마침내 영국 하원은 노예제도를 전면 폐지하는 법안을 통과시켰다.

기독교 사상가 달라스 윌라드는 자신의 저서 「하나님의 음성」에서 다양한 선택의 상황에서 우리는 다양한 대안 중 선택을 할 수 있다고 말한다. "하나님의 온전하신 뜻은 특정 개인에게 다양한 대안을 허용할 수 있다. 예를 들면 대부분의 사람들에게 배우자와 직업, 교육기관, 거주지 선택은 다양한 길 중 어느 쪽으로 가든 똑같이 하나님의 온전하신 뜻일 수 있다. 하나님이 원하시는 궁극적인 결과에 비추어 볼 때 그중 어느 길도 그 자체로 더 낫거나 그분이 선호하시는 것이 아니다. 하나님의 뜻을 진지하게 추구하는 사람은 적절한 기간 내에 관련 문제에 대한 구체적인 말씀이 주어지지 않을 경우, 현실을 있는 그대로 받아들이고 하나님을 믿는 믿음으로 앞으로 나아가야 한다. 이 모든 것은 때로는 우리를 향한 하나님의 뜻에 온전히 부합되는 길이 오직 한 가지일 때도 있다는 사실과 전혀 모순되지 않는다."

재능과 적성이라는 방법은 한 번에 재능과 적성에 맞는 전공이나 직업을 찾아야 한다는 의미가 아니다. 자기가 창업을 해서 경영자의 위치에 있더라도 하기 싫은 일이 있게 마련이고, 그 일을 해야만 하는 게 현실이다. 인생을 길게 보면서 한 걸음 한 걸음 점진적으로 자신의 재능과 적성에 맞는 직업을 찾아간다면 충분히 하나님의 뜻 안에 있다고 볼 수 있다.

신앙 안에서
서로 사랑하고 있는가?

사랑과 신앙은 어떻게 배우자를 선택하는지의 기준이 된다. 하나님에게 "저 사람이 나의 배우자입니까?"라는 질문 역시 응답하시지 않는 경우가 많다. 이런 경우 신앙 안에서 서로 사랑하는 일이 하나님의 뜻을 확인할 수 있는 기준이 될 수 있다. 남녀가 만나 가정을 이루는 데 보편적이고도 중요하게 작동되는 원리가 '사랑'이기 때문이다.

결혼은 가정의 시작이다. 하나님은 가정을 통해 이루고자 하시는 것이 있다. 하나님은 수십 년간 지속되는 결혼생활을 통해 사랑, 행복, 평안, 소속감 등을 이루고자 하신다. 따라서 성경적이고 건강한 가정을 이루기 위한 조건으로 '제자도' 혹은 '신앙'이 반드시 필요하다.

신앙은 가정이라는 배가 끊임없이 하나님께서 주신 목적지를 재설정할 수 있는 기준이 되기 때문이다.

사랑과 신앙으로 결혼한 최명수 형제와 윤가희 자매는 성경적인 가정을 이루기 위해 노력하고 있다. 명수 형제는 30대 초반의 직장인이었다. 어머니를 통해 어머니 친구의 조카딸과 중매가 들어왔다. 형제는 처음에는 바빠서, 좀 지나서는 신종플루에 걸려서 만남이 흐지부지 되었다.

프랑스 출장 준비로 바쁜 어느 날, 포기하지 못한 어머니가 자매의 전화번호를 받아왔다. 당장은 프랑스로 출장을 다녀와야 했기에 파리에 다녀와서 만나기로 약속했다. 형제는 파리에 다녀온 뒤 설날에 자매를 만났다. 첫 만남에서 신앙관이 비슷하다는 것을 알게 되었고, 몇 번 만나면서 서로 호감이 생겼다. 형제는 자매를 계속 만나고 싶었지만 우유부단한 면이 있어 어떻게 해야 할지 몰랐다. 보다 못한 회사 동료들이 예쁜 목걸이를 준비하도록 형제를 도왔다. 동료들은 화이트데이에 목걸이를 선물하며 사귀자는 고백을 하라고 조언해주었다.

데이트가 잦아지자 자연스럽게 결혼 이야기가 나왔다. 양가를 잘 아시는 권사님 한 분이 양가에 서로에 대해 잘 설명해주었다. 양가 어르신들도 서로에 대해 매우 만족했다. 형제는 자매에게 제자도 신앙과 형제가 다니는 교회에 출석할 수 있는지를 의논했다. 형제의 제안으로 「5가지 사랑의 언어」 「결혼 건축가」 등의 책을 결혼을 준비하면서 함께 읽었다. 형제와 자매는 하나님 안에서 제자도 가정을 이루기를 소망하며 결혼했다.

가희 자매는 명수 형제를 만나기 전, 결혼을 준비하며 다섯 가지 기도제목으로 기도했다. 자매는 '배우자보다 하나님을 더 사랑하는 형제, 책을 많이 읽는 형제, 악기를 하나쯤 다룰 줄 아는 형제, 말이 통하는 형제, 자신이 아픈 것을 이해하는 형제'를 만날 수 있도록 기도했다.

자매는 형제를 몇 번 만났지만 교제를 계속할지 확신이 없었다. 자매는 몸이 약하고, 천식이 있었으며, 형제보다 한 살 연상이었다. 화이트데이에 형제가 목걸이를 선물로 주면서 사귀자고 했을 때 자매의 마음속에 이 사람과 결혼할 수도 있겠다는 생각이 살짝 들었다.

명수 형제의 친구 결혼식에 함께 다녀오는 길에 자매는 자신에게 천식이 있다는 얘기를 했다.

"나는 몸이 약하고 천식이 있어요. 그래도 배우자로 괜찮나요?"

그러자 형제는 한 치의 망설임 없이 대답했다.

"괜찮습니다. 그런 게 중요한 건 아닙니다. 함께 신뢰하며 살아갈 수 있는 마음이 더 중요합니다."

그때 자매는 '나의 질병과 약함도 받아주는 사람이구나'라고 생각하며 결혼에 대한 확신이 생겼다. 자매는 다섯 가지 기도제목이 모두 이루어진 것에 감사했다.

배우자를 찾을 때 상대방이 하나님께서 짝지으신 배우자라는 초자연적인 표적만을 구하지 않도록 주의해야 한다. 하나님이 초자연적인 표적을 주시는 경우는 극소수이다. 대부분의 커플은 서로 사랑하기 때문에, 이 사람과 함께라면 신앙 안에서 건강한 가정을 이룰 확신이 있기 때문에 결혼을 결심한다. 즉 사람의 주도적인 선택이 많다. 그리고 이것은 초자연적인 표적을 받는 것보다 열등하지 않고, 하나님이 덜 축복하시는 것도 아니다. 사랑은 하나님이 계획하신 자연스러운 결혼 방식이다.

CHAPTER. 5

특수한 영적 방법을 인정하라

특수한 영적 방법에는 내적 압박감, 꿈, 환상, 거룩한 음성, 초자연적인 표적, 예언, 천사, 기타 초자연적인 방법 등이 있다. 여기에 해당하는 방법들은 모두 성경적인 근거가 있을 뿐만 아니라 지금도 여전히 경험되는 방식이다. 다만 보편적인 영적 방법에 비해 다수가 아니라 소수의 사람들이 경험하며, 자주 경험할 수 없는 방식이다. 특수한 영적 방법 또한 모두 성경 말씀을 근거로 다시 한 번 해석하는 과정이 꼭 있어야 한다.

미국의 비전비디오 대표인 케네스 커티스 외 2인이 공저한 「교회사 100대 사건」에 의하면 콘스탄티누스 장군은 312년에 막센티우스 장군과 황제권을 다투기 위해 로마로 진군하고 있었다. 진군하던 중 콘스탄티누스 장군은 하늘에서 빛나는 십자가 모양의 환상을 보았다. 더불어 "이 표시로 너는 승리할 것이다"(In hoc signo vinces)라는 글자를 보게 되었다. 얼마 후에 그는 꿈에서 십자가 형상 속의 그리스도를 보게 되었다. 그는 환상과 꿈에서 본 십자가 모양의 군기를 만들었고, 전쟁에서 승리했다.

콘스탄티누스 장군은 서방 황제가 되자 노예에 대한 십자가형을 전면금지했다. 313년에는 동방 황제인 리키니우스와 함께 밀라노칙령을 반포하여 기독교를 공인하였다. 밀라노칙령은 제국 내 종교의 자유를 선언하는 칙령이었다. 이 칙령으로 인해 그리스도인들은 더 이상 핍박받지 않고 신앙의 자유를 누릴 수 있게 되었다.

콘스탄티누스 황제는 교회에 국가적인 에너지를 쏟았다. 기독교 박해시절 몰수했던 기독교회 및 신자들의 재산을 돌려주었고, 교회에 재정을 지원했다. 핍박시절 배교한 신자들에 대한 '도나투스 논쟁'을 중재하였으며, 니케아 종교회의를 소집하여 삼위일체 신학을 정립하는 데 기여했다.

콘스탄티누스는 황제가 되자 당시 핍박받던 기독교를 위해 정치적인 위험을 무릅쓰고 도왔다. 일시적인 도움이 아니라 지속적인 도움을 주었고, 제국의 정책을 기독교에 유리하도록 바꾸었다. 이처럼 기독교 역사 가운데는 한 개인의 특수한 영적 경험으로 시대를 바꾼 다양한 사례가 수없이 많다.

내적 압박감

내적 압박감을 통해서 강제하시는 경우도 있다

내적 압박감이란 하나님이 나에게 어떤 행동을 하길 원하신다는 강력한 느낌을 말한다. 내적 감동에 비해 강도가 훨씬 강하며, 하나님이 몰아 부치고 강제하신다는 느낌이 든다. 순종하기 전까지는 사라지지 않으며, 점점 강렬해지는 특징이 있다.

3세기 경 수도원 제도를 창시한 안토니우스는 하나님이 주신 내적 압박감으로 자신의 모든 재산을 가난한 사람들에게 나눠주었다. 그는 유복한 가정에서 태어났다. 그가 20세가 되던 해, 그의 부모는 많은 재산을 물려주고 세상을 떠났다. 부자였지만 영적 세계에 관심이 많았던 안토니우스는 꾸준히 경건생활을 했다.

어느 날, 교회에서 설교를 듣던 중 예수님이 부자 청년에게 하신 말씀을 들었다.

"네가 온전하고자 할진대 가서 네 소유를 팔아 가난한 자들에게 주라. 그리하면 하늘에서 보화가 네게 있으리라. 그리고 와서 나를 따르라"(마 19:21).

그는 이 말씀이 하나님께서 자신에게 하는 말씀으로 들렸다. 하나님의 강렬한 도전과 인도하심을 받은 그는 모든 재산을 팔아 가난한 사람들에게 나눠주었다. 당시 로마제국의 국가적인 후원을 입은 기독교는 점차 타락해갔고, 많은 사람들이 이익을 얻고자 교회로 몰려들었다. 신실한 소수의 그리스도인들은 세상으로부터 은둔함으로써 참 신앙을 지키려고 했다.

모든 재산을 팔아 가난한 사람들에게 나누어준 안토니우스는 하루에 한 끼의 식사와 물만 먹으며 맨 땅에서 잠을 잤다. 자신의 경건을 지키고자 사람이 살지 않는 황폐한 곳에서 살았다. 안토니우스의 깊은 영성이 사람들에게 소문이 나면서 그에게 배우고자 하는 사람들이 점차 늘어났다. 안토니우스는 그들에게 금식, 기도, 자선의 본을 보이며 가르쳤다.

평범한 직장인이었던 윤소현 자매는 내적 압박감으로 선교헌금을 한 경험이 있다. 어느 주일날 오후 예배에 북한 선교를 하는 선교사님이 선교보고 차 설교를 하셨다. 선교사님은 현지의 상황과 하나님의 역사하심을 간증하셨다. 선교사님의 간증을 듣던 중 소현 자매는 큰 감동을 받았다. 동시에 마음속에 선교사님의 사역을 위해 얼마 전 만기된 적금 600만 원을 헌금해야겠다는 큰 압박감을 느꼈다. 그 돈은 이전에도, 이후에도 내 것이 아니라는 생각이 들었다.

소현 자매는 선교사님의 사역에 감동을 받은 것은 사실이었지만 600만 원이라는 구체적인 액수와 그 크기에 부담을 느꼈다. 혹시 자기 생각인 것은 아닌지, 정말 하나님의 뜻인지 궁금했다. 이런 고민을 하며 하루 이틀 날짜가 흘렀다. 감동도 점점 사그라졌다. 하지만 600만 원을 헌금해야 한다는 확신은 견딜 수 없을 정도까지 커졌다. 일할 때도, 잠을 잘 때도 머릿속에서 그 생각이 떠나지 않았다. 이 감동에 순종하지 않으면 하나님이 매우 싫어하실 것이라는 생각이 들었다. 자매는 하나님의 뜻임을 확신하고 선교사님의 사역을 위해 그 액수 그대로 헌금하였다.

나는 해군으로 근무하던 동안 크리스천이었던 후임병과 갈등하다가 하나님이 주시는 강력한 압박감을 경험한 적이 있었다. 나는 군생활 내내 '울산함'이라는 군함을 탔다.

제대하기 몇 달 전, 주님을 강하게 만나고 나서 은혜롭게 살아갈 때 조그만 죄를 짓게 되었다. 후임병 중에 신실한 형제가 한 명 있없는데, 그가 나에게 무언가 불편한 언행을 했다. 나는 최고참이었기에 불편한 대우를 참을 이유가 없었다. 그래서 신체적으로 폭행하지는 않았지만 말로 책망을 많이 했다.

그날 저녁에 배에서 내려 육상 화장실로 갔다. 군함이 항구에 정박해 있을 동안에는 육상 화장실을 사용하도록 되어 있었다. 화장실은 매우 더러웠다. 바닥에 더러운 침, 담배꽁초, 쓰레기들이 널려 있었다. 얼른 일을 보고 나가려고 하는데, 갑자기 하나님의 강렬한 임재감이 느껴졌다. 내 마음속에 '그게 그렇게 섭섭하더냐? 그 형제를 용납할 수는 없었더냐? 부드럽게 타이를 수는 없었더냐?' 이런 감동이 느껴졌다. 위에서 짓누르는 듯한 압박감에 서 있을 수가 없었다. 그 자리에서 바로 무릎을 꿇었다. 압박감이 너무 크고 무서웠기에 화장실이 더럽다는 생각을 할 여유가 없었다. 즉시 형제를 용납하지 않음을, 형제를 사랑하지 않음을 진실로 회개했다.

내적 압박감에서는 그 압박감이 영적인 현상인지 심리적인 현상인지 어떻게 분별할 수 있는가 하는 문제가 있다. 내적 압박감은 사람으로부터 오는 것이 아니기에 실행되기 전까지는 없어지지 않는다. 오히려 시간이 지날수록 마음속에서 점점 커지고 분명해진다. 내가 생각하고 싶지 않더라도 사라지지 않고 잊히지도 않는다. 심리적인 현상이라면 다른 일에 몰두하거나 시간이 지나면서 잊히거나 사라지고 만다.

나의 선택과 관련된
영적인 꿈이 있는가?

하나님은 성경이 완성되기 이전 시기에는 꿈을 통해서 말씀하시는 경우가 많았다. 예수님의 탄생과 관련된 사건 가운데 하나님은 요셉에게 여러 번 꿈으로 말씀하셨다. 요셉은 마리아와 정혼 후 동침하기 전에 마리아가 임신했다는 소식을 들었다. 요셉은 배신감에 고통스러웠지만 마리아를 위해 조용히 관계를 정리하고자 하였다.

그 밤에 주의 사자가 꿈에 나타나서 "다윗의 자손 요셉아 네 아내 마리아 데려오기를 무서워하지 말라. 그에게 잉태된 자는 성령으로 된 것이라"(마 1:20)고 하나님의 뜻을 알려주셨다. 헤롯 왕이 예수님을 잡아 죽이려고 군사들을 풀었을 때에도 주의 사자가 요셉의 꿈에 나타나 "헤롯이 아기를 찾아 죽이려 하니 일어나 아기와 그의 어머니를 데리고 애굽으로 피하여 내가 네게 이르기까지 거기 있으라"(마 2:13)고 말씀하셨다.

예수님을 경배하러 온 동방박사들에게도 하나님은 꿈으로 인도하셨다. 동방박사들이 아기 예수님에게 경배한 후 황금과 유향과 몰약을 예물로 드렸다. 그들은 꿈에 헤롯에게로 돌아가지 말라는 지시를 받고 다른 길로 고국에 돌아갔다(마 2:12).

특이한 사실은 하나님은 당신을 경외하지 않는 자들의 꿈을 통해서도 인도하시는 경우가 있다는 점이다. 아브라함이 그랄 왕 아비멜렉에게 사라를 자기 누이라 속였다. 그때 하나님은 아비멜렉의 꿈에 나타나 아비멜렉과 사라의 동침을 막으셨다. "하나님이 꿈에 또 그에게 이르시되 네가 온전한 마음으로 이렇게 한 줄을 나도 알았으므로 너를 막아 내게 범죄하지 아니하게 하였나니 여인에게 가까이 하지 못하게 함이 이 때문이니라"(창 20:6).

바벨론의 느부갓네살 왕이 금, 은, 놋과 진흙, 쇠로 만들어진 거대한 신상의 꿈을 꾸었을 때 다니엘은 왕에게 "후일에 될 일을 알게 하셨나이다"(단 2:28)라고 답했다. 기드온이 미디안 군대와 전쟁을 벌일 때에도 미디안 진영의 어떤 사람이 그의 친구에게 "내가 한 꿈을 꾸었는데 꿈에 보리떡 한 덩어리가 미디안 진영으로 굴러 들어와 한 장막에 이르러 그것을 쳐서 무너뜨려 위쪽으로 엎으니 그 장막이 쓰러지더라"(삿 7:13)고 말하는 것을 듣고 승리를 확신했다.

신실하게 신앙생활을 하던 박여경 자매가 우리 교회로 오게 된 계기는 꿈이었다. 나는 이전에 경기도 안양에 위치한 교회에서 청년부 담당전도사로 사역했다. 나는 주일 설교와 일대일 양육을 통해 청년들이 성숙하도록 도왔다. 여경 자매도 그때 내가 도왔던 자매였다. 내가 서울에 예함교회를 개척한 후, 자연스럽게 여경 자매와는 멀어지게 되었다. 그 사이 이전 교회 담임목사님과 성도들 사이에 갈등이 심각해졌다. 서로의 갈등이 2년 정도 지속되었고, 교회는 분열되었다. 청년부도 결국 무너지게 되었다. 심지어 그 목사님을 미워하던 일부 성도들은 예배시간에 찬양을 시끄럽게 부르며 예배를 방해하기까지 했다.

자매는 하나님을 향한 사랑의 고백인 찬양이 자기 주장의 도구로 악용되는 모습에 충격을 받았다. 자매는 이 장면이 계속 생각나서 괴로웠다. 자매는 교회가 안정될 때까지 기다리는 일이 어리석다는 확신이 들었다. 자신이 영적으로 곧 말라 죽을 것 같다는 위기감을 느꼈다. 자매는 예배드릴 교회를 찾아 방황했다.

방황하며 고민하던 상황에서 자매는 꿈을 꾸었다. 꿈속에서 청년들이 함께 모여 예배드리는 모습을 보았다. 자매는 청년부 예배를 드렸던 바로 그 장소에서 내가 설교하는 장면을 보았다. 꿈이 너무나도 생생하여 잠결인데도 설교 말씀으로 은혜를 받았다.

꿈속에서 들었던 말씀의 주된 내용은 "우리의 인생이 정말 빠르며, 하나님의 뜻대로 제대로 살아가려면 지금부터 열심히 신앙생활을 해야 한다. 지금 하나님이 우리의 인생을 세고 계신다"는 것이었다. 자매는 하나님의 뜻대로 살아가는 모습을 소망하게 되었고 감동을 받았다. 꿈에서 깨어난 후, '하나님의 뜻대로 살아가는 것이 무엇인지 나 혼자로서는 알 수 없으니 목사님에게 지도를 받는 길밖에 없구나' 하는 생각을 했다. 며칠 후 신기하게도 똑같은 장면과 똑같은 말씀으로 꿈을 꾸었다. 자매는 꿈을 통해 어디서 예배를 드려야 할지 하나님의 인도하심을 받았다.

목사 안수를 받는 문제로 고민하던 최경화 목사는 꿈을 통해 하나님의 인도하심을 체험했다. 최 목사는 집사 직분으로 봉사하다가 부르심을 받고 신학을 공부했다. 그런데 목사 안수를 받을 때가 다가오자 '나 자신이 목사 안수를 받을 자격이 되는가?' 하고 심히 고민이 되어 주저하고 있었다.

어느 날 밤, 꿈속에서 한쪽 벽이 열리며 빛이 쏟아져 들어왔다. 열린 벽을 통해 누추한 옷을 입은 사람이 나타나 "내가 너에게 안수를 해줄까?"라고 물었다. 꿈속에서 드는 생각이 '내가 저 사람에게서 안수를 받으면 평생 가난하게 살겠구나'였다. 짧은 순간 깊이 고민했다. 그리고 그 사람에게서 안수를 받겠다고 결단했다. 평생 가난하게 살더라도 주님을 기쁘시게 할 수 있다면 만족하리라 결심했다.

깨어보니 꿈속에서 만난 사람이 예수님 같았다. 예수님이 직접 자신을 목사로 안수하셨다며 감격했다. 최 목사는 주의 일에 동참할 수만 있다면 어떤 가난이나 역경도 기꺼이 받으리라 생각했다.

이처럼 하나님께서 꿈을 통해 역사하실 때 우리가 주의해야 할 점이 있다. 모든 꿈에 영적인 의미가 있다고 생각하는 것은 과도하다는 사실이다. 꿈은 사람의 의식보다 무의식이 더 많이 반영되기에 신비하게 생각하는 경향이 많다. 꿈은 심리적인 현상인 경우가 대부분이므로 영적인 의미를 과하게 부여하지 않도록 주의해야 한다.

영적인 꿈은 깨었을 때 생생하게 기억난다. 생생할 뿐만 아니라 의미 있게 와 닿고, 여러 번 반복해서 꾸게 된다. 그래서 영적인 꿈은 일정한 패턴을 형성하고 있다. 애굽의 바로 왕은 같은 꿈을 두 번 겹쳐 꾸었고, 의미 있는 꿈임을 직감했다. "바로께서 꿈을 두 번 겹쳐 꾸신 것은 하나님이 이 일을 정하셨음이라. 하나님이 속히 행하시리니"(창 41:32).

비록 영적인 꿈일지라도 해석과정에서도 하나님의 인도하심을 받아야 한다는 사실 또한 주의해야 한다. 성경 전체에 대한 지식이 있는 사람, 여호와를 경외하는 목회자, 자신을 인격적으로 알고 사랑하는 지체들로부터 도움을 받는 것이 유익하다. 바로 왕이 7년 풍년, 7년 기근의 꿈을 꾸었지만 해석은 요셉이 했다. 느부갓네살 왕이 거대한 신상의 꿈을 꾸었지만 해석은 다니엘이 했다. 그 과정은 다양하지만 꿈을 주시는 분도 하나님이고, 꿈을 해석하는 분도 하나님이시다. 우리는 이 점을 잊어서는 안 된다.

하나님께서 보여주신 환상이 있는가?

환상은 시각적인 자극이 없는 상태에서 하나님께서 보여주시는 이미지나 영상이다. 꿈은 잠을 자는 상태에서 보는 것이고, 환상은 깨어 있는 상태에서 보는 것이다.

하나님은 환상을 통해 바울을 격려하신 적이 있다. 바울이 고린도에서 복음을 전할 때 유대인들이 복음을 대적하고 바울을 비방했다. 그러자 하나님은 바울을 격려하시기 위해 환상 가운데 말씀하셨다. "밤에 주께서 환상 가운데 바울에게 말씀하시되 두려워하지 말며 침묵하지 말고 말하라"(행 18:9). 하나님이 보여주신 환상과 말씀을 통해 바울은 큰 위로와 확신을 얻었다.

베드로 역시 하나님이 보여주신 환상을 통해 선교의 방향을 전환하게 되었다. 초대교회 당시에 사도들은 주로 유대인들에게 복음을 전했다. 유대인은 이방인들을 부정한 사람들로 여겼기에 전도의 대상으로 생각하지도 않았다. 이런 상황에서 하나님은 베드로에게 정결한 것과 부정한 것을 가르치기 위해 보자기 환상을 보여주셨다. 보자기 안에는 율법으로는 부정하여 먹지 못하는 동물들이 가득했다. 하나님은 베드로에게 "잡아 먹으라"(행 11:7)고 명령하셨지만 베드로는 "주님 그럴 수 없나이다. 속되거나 깨끗하지 아니한 것은 결코 내 입에 들어간 일이 없나이다"(행 11:8)라며 거절했다. 하나님은 베드로에게 "하나님이 깨끗하게 하신 것을 네가 속되다고 하지 말라"(행 11:9)고 답하셨다. 이런 일을 세 번 반복하셨다.

하나님은 베드로에게 이 환상을 통해 이방인도 복음을 받아들이면 거룩한 하나님의 백성이 될 수 있다는 사실을 가르쳐주셨다. 하나님은 이 환상을 통해 이방인 전도의 문을 여셨다. 이를 깨달은 베드로는 자신을 초청한 고넬료에게 "하나님께서 내게 지시하사 아무도 속되다 하거나 깨끗하지 않다 하지 말라"(행 10:28)고 고백했다.

하나님은 베드로에게 환상을 보여주시기 전에 고넬료에게 먼저 환상을 보여주셨다. "하루는 제 구 시쯤 되어 환상 중에 밝히 보매 하나님의 사자가 들어와 이르되 고넬료야 하니"(행 10:3). 환상 속에서 하나님은 고넬료에게 베드로를 초청하라고 말씀하셨다. 이 사건을 통해 이방인 전도에 대한 사도들의 관점이 점차 변화되기 시작했다.

13세기, 권위 있는 신학자였던 토마스 아퀴나스는 철학과 신학이 양분된 당시의 흐름을 하나로 합하려는 시도를 했다. 그는 이성과 계시 모두를 지식의 원천이라고 생각했다. 이성과 계시 모두 하나님으로부터 왔음을 그는 분명하게 알고 있었다. 그는 「신학대전」이라는 책을 저술하면서 자신의 신학체계를 세웠다. 이 책은 후에 중세 기독교 신학의 정점으로 평가받았다.

아퀴나스는 죽기 석 달 전에 환상을 보았다. 그가 무엇을 보았는지는 알려지지 않았지만 그 환상을 보고 난 후 자신의 신학이 한낱 지푸라기에 불과하다는 사실을 깨달았다. 그 환상 이후 그는 집필활동을 중단했다. 결국 아퀴나스는 「신학대전」을 완성하지 못한 채 하나님에게 돌아갔다.

국제예수전도단(YWAM) 설립자인 로렌 커닝햄은 자신의 저서 「하나님, 정말 당신이십니까?」에서 하나님이 환상을 통해 앞으로 자신이 무엇을 해야 할지, 하나님이 무엇을 이루실지 보여주셨다고 고백했다. "나는 그날 밤 찬양이 끝나고 선교사 사택으로 돌아왔다. 성경을 펼치고 늘 하던 대로 내 마음 가운데 말씀해주시도록 기도하였다. 갑자기 내 눈앞에 세계 지도가 펼쳐졌다. 그런데 그 지도는 마치 살아 있는 것처럼 움직였다. 나는 눈을 비비고 보았다. 마치 영화의 한 장면처럼 마음속에 생생하게 그려졌다. 각 대륙의 해안선에서 파도가 일어나 대륙으로 밀려 들어왔다가 밀려 나가고, 그리고 더 깊이 밀려 들어와서는 마침내 그 대륙을 완전히 뒤덮었다."

하나님은 커닝햄에게 계속해서 환상의 의미까지 보여주셨다. "나는 숨을 죽였다. 내가 그 장면을 지켜보는 동안 그것은 또 다른 장면으로 바뀌었다. 그 파도들은 내 나이 정도의 젊은 사람들과 나보다 어린 사람들로 변하여 그 대륙을 덮고 있었다. 그들은 거리에서, 음식점에서 혹은 집집마다 찾아가서 복음을 전하고 있었다." 하나님은 커닝햄이 평생을 통해 달려갈 바를 환상으로 보여주셨다. 그리고 그 환상을 실제로 이루셨다.

나 역시 청년부 전도사로 사역할 때 환상을 보았던 경험이 있다. 당시는 매주 청년들과 함께 수개월째 길거리에서 전도를 하던 때였다. 매주 수십 명의 청년들과 함께 열정적으로 기도하고, 길거리로 나가서 예수님을 전했다. 그러던 어느 날, 나는 전도모임 전에 홀로 기도실에 있었다. 전도팀과 복음전파를 위해 열심히 기도하다가 갑자기 환상을 보았다. 환상 속에 폐허가 된 도시가 보였다. 사방이 온통 무너지고 황폐한 모습이었다. 그때 갑자기 하늘에서 빛이 비추면서 아래쪽에서부터 위쪽으로 도시가 재건되는 영상을 보았다. 매우 짧은 시간이었지만 선명한 환상이었다.

그 환상은 내가 이전부터 붙들고 기도하던 말씀과 일치했다.

"네게서 날 자들이 오래 황폐된 곳들을 다시 세울 것이며 너는 역대의 파괴된 기초를 쌓으리니, 너를 일컬어 무너진 데를 보수하는 자라 할 것이며 길을 수축하여 거할 곳이 되게 하는 자라 하리라"(사 58:12).

하나님은 우리를 통하여 죄로 인해 황폐된 도시를 회복시키길 원하신다는 말씀이었다. 하나님은 그 환상을 통해 우리의 사역을 하나님이 기뻐하신다고 확신을 더해주셨다.

어린아이를 키우고 있는 김미애 집사는 환상을 통해 이단의 위험에서 벗어날 수 있었다. 김 집사는 동네에서 서너 살 많은 언니를 사귀게 되었다. 언니는 커피와 밥도 자주 사주었고, 얘기도 잘 들어주었다. 자녀들 나이도 비슷하고 신앙도 있어서 몇 번 만나지 않았지만 빨리 친해지게 되었다.

어느 날, 김 집사는 그 언니와 만나기로 약속을 했다. 그런데 약속을 잡고 나서 일주일 동안 기도만 하면 그 언니가 나타나 노려보는 이미지가 계속 떠올랐다. 하나님에게 왜 이런 이미지가 머릿속에서 자꾸만 떠오르는지 여쭈어보았다. 혹시 그 언니와 싸우게 되는 건 아닐까 걱정도 조금 되었다. 하지만 김 집사는 왜 그런지 이유를 알 수가 없었다.

약속 날짜가 되어 언니네 집으로 놀러 갔다. 언니는 자기와 친한 선교사님을 불렀다면서 함께 이야기하자고 했다. 그리고 자기가 다니는 교회 달력, 다이어리, 자료들을 보여주었다. 사진에 있는 사람을 '하나님의 어머니'라면서 소개했다. 그 순간, 그 언니가 하나님의 교회에 다니는 이단이라는 사실을 깨달았다. 자기를 전도하기 위해서 잘 대해주었다는 점도 알게 되었다.

김 집사는 선교사를 만나고 싶지 않다고 거절하고는 그 집에서 즉시 나왔다. 이후에 언니로부터 연락이 왔지만 다시는 만나지 않았다. 하나님은 김 집사에게 환상을 보여주심으로써 이단을 조심하도록 주의를 주셨다.

이와 같은 환상을 통한 하나님의 뜻 분별에 있어서 주의할 점은 내가 보는 모든 환상이 하나님으로부터 오는 것은 아니라는 사실이다. 모든 영적인 현상에는 분별이 필요하다. 마귀가 예수님을 시험할 때 사탄은 순식간에 지극히 높은 산으로 예수님을 데려가 천하만국과 그 영광을 보여주었다(마 4:8). 세상에 있는 어떤 높은 산에서도 천하만국과 그 영광을 한 장면으로 볼 수가 없다는 점을 고려하면 사탄이 예수님에게 환상을 보여주었다고 유추할 수 있다.

그뿐만 아니라 사탄은 자기를 드러낼 때 흉악한 모습이 아니라 광명의 천사로 가장한다(고후 11:14). 사탄도 환상을 보여줄 수 있음을 우리는 꼭 기억해야 한다. 그러기에 환상을 보았다고 흥분하지 말고, 반드시 하나님의 말씀으로 분별하는 주의가 필요하다.

온몸으로 들리는 하나님의 음성이 있는가?

거룩한 음성은 하나님이 사람의 귀로, 혹은 온몸으로 들을 수 있는 음성으로 말씀하시는 방식이다. 귀에 들리는 음성은 하나님이 성경에서 자주 사용하셨던 방식이다. 요즘은 흔하게 경험할 수 있는 방식은 아니지만 지금도 간혹 사용하시는 경우도 있다.

하나님은 사무엘을 몇 번씩이나 귀에 들리는 음성으로 직접 부르셨다(삼상 3:4). 하나님이 사무엘을 부르셨을 때 사무엘은 하나님이 직접 자기를 부르셨다는 생각을 미처 하지 못하고, 엘리 제사장이 부른 줄 알고 달려갔다. 여호와께서 사무엘을 세 번 부르시고, 사무엘이 엘리 제사장에게 세 번 달려갔을 때야 비로소 엘리 제사장은 여호와께서 사무엘을 부르신 줄 깨달았다. 엘리 제사장은 사무엘에게 "여호와여 말씀하옵소서. 주의 종이 듣겠나이다"라고 응답하도록 가르쳐주었다.

중앙아시아에서 사역하는 한 선교사님으로부터 직접 들은 간증이다. 어느 날, 선교사님이 집에서 속옷을 입고 편하게 쉬고 있었다. 그런데 갑자기 "GO!"라는 음성이 온몸을 통해 들렸다고 한다. 이게 무슨 일인가 싶어 어리둥절해 있었는데, 다시 한 번 "GO!"라는 음성이 온몸에 울려 퍼졌다. 선교사님은 놀랍고 두려워서 속옷차림으로 그대로 밖으로 뛰쳐나왔다.

민망한 모습으로 길거리에서 추위에 떨고 있는데, 얼굴만 알고 지내던 동네 사람이 지나가다 알아보고 다가왔다. 이 일을 계기로 그 사람과 대화를 많이 나누게 되었고, 나중에는 복음을 전하게 되었다. 지속적으로 관심을 보여준 결과, 길에서 만났던 동네 사람은 결국 예수님을 영접하게 되었다.

모태 신앙이었던 이현희 집사가 초등학교 4학년 때 경험했던 이야기다. 초등학생이었던 이 집사는 2주간 심한 장염으로 고통받았다. 매일 설사하고 배가 아팠다. 약을 먹었지만 낫지 않았다. 이 집사는 아픈 와중에도 주일예배를 빠지지 않았다.

예배를 마칠 때 전도사님이 병이 나을 수 있도록 기도해주었다. 그때 "네 병이 다 나았다"라는 목소리가 두 번 뚜렷하게 들렸다. 그 음성이 사방에서, 위에서 빛줄기처럼 이 집사에게 쏟아졌다. 음성이 이 집사를 둘러 비추는 것과 같이 강렬했다. 이 집사는 "하나님, 감사합니다"를 계속 반복했다.

집에 가서 어머니에게 말씀드리니 어머니는 기뻐하면서 "너 이제 약을 안 먹어도 돼"라며 남은 약 뭉치를 쓰레기통에 버리셨다. 그리고 거짓말처럼 그날부터 장염이 나았다.

거룩한 음성에서는 귀신도 거룩한 음성을 흉내 낼 수 있다는 점을 주의해야 한다. 자신을 의의 일꾼으로, 광명의 천사로 가장하기 때문에 성도들에게 마치 하나님의 목소리인 것처럼 음성을 들려줄 수 있다.

"내가 너에게 바울이 성경을 기록할 때의 영감보다 갑절의 영감을 주겠다."

"내가 너를 들어 크게 쓰리라."

"두 해가 가기 전에 너는 월드 클래스의 배우가 될 것이다."

이런 식의 음성이 들릴 때는 사탄의 음성이 아닐까 진지하게 고려해볼 필요가 있다. 하나님은 사람을 쓰시되 교만을 자극하시는 분이 아니기 때문이다.

초자연적인 표적

하나님에게 받은 초자연적인 사건이 있는가?

하나님은 초자연적인 표적을 보여주심으로써 인도하시는 경우가 있다. 초자연적인 표적을 보여주시는 방식은 흔하게 경험할 수 있는 방식은 아니지만 지금도 여전히 사용하시는 방식이다.

기드온이 사사로 치리하던 때에 미디안과 아말렉, 그리고 동방 사람들이 연합하여 요단강을 건너와서 이스르엘 골짜기에 진을 쳤다. 기드온은 전쟁에 임하기 전에 하나님이 함께하시고 승리를 주신다는 표적을 구했다.

기드온은 하나님에게 요청했다.

"보소서. 내가 양털 한 뭉치를 타작마당에 두리니 만일 이슬이 양털에만 있고 주변 땅은 마르면 주께서 이미 말씀하심같이 내 손으로 이스라엘을 구원하실 줄을 내가 알겠나이다"(삿 6:37).

그러자 하나님은 기드온이 구하는 대로 응답해주셨다.

이적을 경험한 기드온은 다시 하나님에게 요청했다.

"주여 내게 노하지 마옵소서. 내가 이번만 말하리이다. 구하옵나니 내게 이번만 양털로 시험하게 하소서. 원하건대 양털만 마르고 그 주변 땅에는 다 이슬이 있게 하옵소서"(삿 6:39).

이번에도 하나님은 기드온이 구하는 방식대로 응답해주셨다. 하나님은 기드온의 양털 시험에 두 번이나 신실하게 응답하셨다.

유상희 자매의 아버지는 수십 년 동안 고질병으로 고통을 당하셨다. 자매는 엄마와 함께 평생 아버지를 위해 기도했다. 아버지는 하나님을 몰랐다. 자매는 아빠, 엄마, 그리고 자기 자신이 너무 불쌍하다는 생각을 했다.

아버지가 돌아가시기 1년 전, 가족들의 오랜 기도로 아버지는 예수님을 만났다. 그때 아버지는 여러 가지 초자연적인 현상을 많이 체험했다. 하루는 아버지가 방에 누워 있는데 사람의 형체를 한 하얀 천사들이 나타나서 말없이 공손하게 인사를 하고 갔다. 또 한 번은 얼굴은 보이지 않았지만 검은 모습을 한 귀신들이 나타나서 아버지에게 담배를 다시 피우라고 유혹하는 말을 했다. 아버지는 몸서리치며 귀신들을 두려워했다. 그런 날이면 아버지는 즉시 가족들에게 전화해서 기도를 부탁하곤 했다.

어느 날에는 병석에 누워 있던 아버지가 환상을 보았다. 하나님에게로부터 흘러나온 물이 자기의 발목까지 차고, 무릎까지 차고, 목까지 차올랐다(겔 47:3-5). 아버지는 자신이 점점 성령으로 충만하게 되며, 믿음이 차오르는 것을 환상으로 보았다. 또 하루는 장롱의 문들이 커다란 스크린이 되어 아버지가 이전에 지은 죄가 모두 영화처럼 보이기도 했다. 아버지는 보이는 모든 죄를 하나하나 전부 회개하면서 애통한 마음과 눈물로 하나님에게 나아갔다.

그러던 어느 날, 가족들이 모두 있는 자리에서 아버지는 하나님의 말씀이 모두 옳다고 고백했다. 아버지는 낮에 홀로 있을 때에도 온종일 "하나님, 감사합니다!"를 반복하며 기도를 계속했다. 이전에는 가족들이 교회에 나가는 일을 끔찍하게 싫어했던 아버지였기에 가족들은 매우 놀라며 감사했다.

자매는 사실 아버지에 대한 미움이 가득했었다. 아버지가 평생 병 때문에 아버지 역할을 제대로 해주지 못했기 때문이었다. 아버지의 따뜻한 사랑을 받아보지 못했을 뿐만 아니라 신앙까지 핍박받았으니 자매는 상처가 많았다. 다행히 아버지가 하나님을 만난 이후로 자매는 아버지에 대한 마음의 문을 조금씩 열었다.

어느 날 밤, 자매는 "아빠, 사랑해요"라는 말을 하라는 강한 압박감을 느꼈다. 말하지 않으면 안 된다는 강렬한 느낌이었다. 평소에 하지 않던 말인데다 아빠에 대한 미움으로 상처가 깊어 용기가 필요한 말이었다. 자매는 한참을 머뭇거리다가 누워 있는 아빠에게 사랑한다고 고백했다. 아빠는 눈가에 눈물이 고이면서 "고마워"라고 대답했다. 자매의 마음속 깊은 곳에서부터 마음의 상처가 치유됨을 느꼈다. 그날 밤 부녀는 평생 대화한 것보다 훨씬 많은 대화를 나누었다.

임종 직전에 아버지는 가족들에게 "많이 미안하다. 사랑한다. 하나님 말씀대로만 살아라"는 유언을 하고 돌아가셨다. 모인 가족과 친척들 한 명 한 명과 인사를 나누고 고통 없이 편안하게 하나님 곁으로 가셨다. 얼굴에 빛이 나고 멋진 모습이었.

자매가 어렸을 때부터 아버지가 질병으로 고통당했기에 자매는 평생 아버지의 죽음을 준비하며 살았다. 자매는 아버지를 많이 미워했지만 기도할 때마다 아버지의 죽음을 생각하며 아버지의 구원을 위해 기도했다. 하나님은 여러 가지 초자연적인 현상을 아버지의 마지막 일 년 동안 보여주시면서 자매의 기도가 응답되었음을 확인시켜주셨다.

초자연적인 표적에서는 하나님에게 초자연적인 표적을 주시도록 고집을 부리지 않아야 한다. "하나님께서 어떻게 해주시면 하나님의 뜻인 줄 알겠습니다." 이런 식으로 조건을 제시하는 기도는 바람직하지 않다. 하나님께서 말씀하시고 하나님의 뜻이라는 확신이 생겼을 때 즉시 순종하는 게 가장 바람직한 태도이다.

기드온의 양털 시험 같은 경우도 바람직하지 않게 보는 시각이 있다. 자비로우신 하나님이 기드온의 우유부단함을 불쌍히 여기시고 그가 구하는 것을 허락하셨다. 그러나 기드온의 양털 시험은 누구나 보편적으로 적용할 수 있는 성경의 원리는 아니다.

예언을 통해서 말씀하시는 것이 있는가?

예언 역시 하나님께서 많이 사용하시는 방식이다. 예언에는 좁은 의미의 예언과 넓은 의미의 예언이 있다. 넓은 의미의 예언은 하나님의 말씀을 맡아 사람들에게 나누어주는 것을 뜻하며, 좁은 의미의 예언은 어떤 사람이나 사건에 대해 하나님으로부터 직접 받아 말하는 것을 의미한다.

넓은 의미의 예언은 고린도전서 14장에 잘 나타나 있다. 고린도전서 14장에서는 예언과 방언의 차이와 기능에 대해 설명하고 있다. 19절에서 예언을 '깨달은 마음으로 말을 하는 것'이라 정의하고 있다. "교회에서 네가 남을 가르치기 위하여 깨달은 마음으로 다섯 마디 말을 하는 것이 일만 마디 방언으로 말하는 것보다 나으니라"(고전

14:19). 하나님의 말씀을 깨달아 다른 사람에게 전하는 일도 예언에 속하고, 설교도 넓은 의미의 예언에 속한다.

그런 의미에서 사도 바울은 고린도 교인들 모두가 예언하기를 원한다고 했다. "나는 너희가 다 방언 말하기를 원하나 특별히 예언하기를 원하노라"(고전 14:5). 나아가 모두가 예언할 수 있다고 했다. "너희는 다 모든 사람으로 배우게 하고 모든 사람으로 권면을 받게 하기 위하여 하나씩 하나씩 예언할 수 있느니라"(고전 14:31).

넓은 의미의 예언에서 보면 성경 자체가 예언이며, 성경 말씀을 깨달아 말하는 것도 예언이다.

> "먼저 알 것은 성경의 모든 예언은 사사로이 풀 것이 아니니 예언은 언제든지 사람의 뜻으로 낸 것이 아니요 오직 성령의 감동하심을 받은 사람들이 하나님께 받아 말한 것임이라"(벧후 1:20-21).

넓은 의미의 예언은 보편적 영적 방법의 '성경'과 내용이 동일하므로 '성경' 부분을 참고하기 바란다.

좁은 의미의 예언은 사도 바울의 사례를 통해 확인할 수 있다. 사도행전 21장에서 바울은 전도자 빌립의 집에 들어가서 머물고 있었다. 아가보라 하는 선지자가 유대로부터 내려와서 바울의 띠를 가져다가 자기 수족을 잡아매고 "성령이 말씀하시되 예루살렘에서 유대인들이 이같이 이 띠 임자를 결박하여 이방인의 손에 넘겨주리라"(행 21:11)고 예언했다. 이처럼 좁은 의미의 예언은 특정 시점에 특정 인물이나 사건에 대해 하나님의 뜻을 전하기 위해서 사용된다. 사람들이 예언에 주목하여 하나님의 뜻에 빠르게 반응하도록 하는 효과가 있다.

내가 청년부 전도사로 수련회를 인도할 때 있었던 일이다. 저녁 집회 때 청년들에게 기도 제목을 주고 각자 기도할 수 있도록 도왔다. 청년들 사이를 돌아다니면서 한 사람 한 사람을 위해 축복하며 중보기도를 했다.

그중 한 자매를 위해 기도할 때였다. 내 마음속에 아주 뚜렷하게 '섭섭함'이라는 글자가 떠올랐다. 아주 신실한 자매였기에 그 생각을 무시하려 했지만 그 자매를 위해 기도할수록 더 선명하게 떠올랐다. 이상한 느낌이 들어서 집회를 마친 후 그 자매를 불렀다. 그리고는 기도 중에 있었던 일을 설명하며 물었다.

"내가 기도할 때에 내 마음속에 '섭섭함'이라는 글자가 계속 생각나던데, 혹시 하나님에게 섭섭한 일이 있느냐?"

그러자 자매는 속마음을 들킨 것처럼 놀라면서 대답했다.

"요즘 하나님을 원망하는 마음이 많이 들었어요. 배우자를 만날 나이가 되었는데 두려운 마음이 들어요. 어릴 때부터 아버지가 엄마와 제게 폭행을 많이 했어요. 아버지로부터 받은 상처로 인해 형제와 교제하는 일을 무서워하고, 가정을 이루는 것에 대해 기대감이 없다는 게 힘들어요. 하나님은 왜 이런 아버지를 주셨나 하는 원망의 마음이 자주 들었어요."

나는 많이 놀랐다. 왜냐하면 평소에 자매는 너무나도 단정하며 신실한 모습이었기 때문이었다. 게다가 밝은 모습으로 봉사도 많이 하는 자매였기 때문에 그런 사정을 짐작할 수 없었다. 마음이 너무 아팠다. 그런 사정을 미리 알아주지 못해 너무나 미안했고, 큰 상처를 혼자 힘으로 감당해왔다는 사실에 더욱 미안했다.

그 후 나는 그 자매를 여러 번 상담해주었고, 기도를 많이 해주었다. 자매는 점차 아버지를 용서할 수 있게 되었다. 하나님께서 자신을 깊이 사랑하고 계심도 체험했다. 하나님에 대한 원망이 잘못되었다는 사실도 알게 되면서 하나님에 대한 사랑과 신뢰가 더욱 견고해졌다.

예언과 관련해서 조심해야 할 부분은 예언을 받으려 '용하다는 목사, 용하다는 기도원 원장'을 쫓아다니지 않도록 주의해야 한다는 점이다. 이런 행태는 기독교의 탈을 쓴 샤머니즘이다. 지금도 여전히 예수님의 이름으로 장사를 하는 사람들이 기독교 내에 존재한다. 예수님과 사람 사이에 무당 역할을 하며 자신을 신격화시키는 사람들도 있다.

또한 예언을 가르치거나 배우지 않도록 조심해야 한다. 소위 '예언학교'란 곳을 만들어 하나님의 뜻을 현혹시키는 사람들이 있다. 서로를 바라보고 생각나는 대로 말하라고 시키고선 끝에 "이는 여호와의 말씀이니라"고 붙이라 한다. 이는 사람의 마음에서 나오는 소리일 뿐 하나님의 뜻이 될 수 없다. 오히려 하나님의 이름을 망령되이 일컫는 행위이다. "만일 어떤 선지자가 내가 전하라고 명령하지 아니한 말을 제 마음대로 내 이름으로 전하든지 다른 신들의 이름으로 말하면 그 선지자는 죽임을 당하리라 하셨느니라"(신 18:20).

천사를 통해서
말씀하시는 것이 있는가?

천사를 통해 말씀하신 방법은 구약시대, 초대교회시대에 하나님께서 많이 사용하셨던 방식이다. 성경이 완성된 이후에는 천사를 통해 하나님의 뜻을 계시하는 방식은 흔하게 사용되지 않는다.

천사를 통해 말씀하신 사례는 성경에 매우 많다. 아브라함에게 세 천사가 방문하여 소돔 땅의 멸망을 전했다. 그중에 두 천사가 롯에게 방문하여 그와 가족들을 인도하고 구출했다. 엘리야가 이세벨에게 쫓기다 로뎀나무 아래에서 잘 때 천사가 나타나 숯불에 구운 떡과 물 한 병을 전해주었다. 사사시대에는 기드온에게 천사가 나타나 "큰 용사여 여호와께서 너와 함께 계시도다"(삿 6:12)라며 기드온을 통해 이스라엘을 구원하실 것이라고 예언했다.

천사장 가브리엘은 요셉과 정혼한 마리아에게 나타나 "나는 하나님 앞에 서 있는 가브리엘이라. 이 좋은 소식을 전하여 네게 말하라고 보내심을 받았노라"(눅 1:19)며 마리아가 성령으로 잉태되리라는 소식을 전했다. 베드로가 감옥에 갇혔을 때 천사가 나타나 "띠를 띠고 신을 신으라. 겉옷을 입고 따라오라"(행 12:8)고 인도하여 탈출시켰다. 세례 요한의 아버지 사가랴가 하나님 앞에서 제사장의 직무를 행할 때 천사가 나타나 "사가랴여 무서워하지 말라. 너의 간구함이 들린지라. 네 아내 엘리사벳이 네게 아들을 낳아주리니 그 이름을 요한이라 하라"(눅 1:13)며 세례 요한의 탄생을 예언했다.

천사와 관련하여 주의해야 할 부분은 사탄에게 속기 쉽다는 점이다. 빛을 내며 아름다운 모습으로 나타난다고 해서 모두 천사가 아님을 주의해야 한다. 사탄도 자기를 광명의 천사로 가장할 줄 안다. "이것은 이상한 일이 아니니라. 사탄도 자기를 광명의 천사로 가장하나니"(고후 11:14). 사탄이 나타날 때 머리에 뿔을 달고 무시무시한 모습으로 나타나면 누구라도 사탄인 줄 알 것이다. 그러나 사탄은 광명의 천사로 나타나 하나님을 흉내 내어 사람들을 멸망의 길로 이끈다.

기타 초자연적인 방법

생각해봐야 할 초자연적인 인도하심이 있는가?

성경에서 하나님은 직접적인 개입과 초자연적인 역사하심으로도 다양하게 하나님의 뜻을 알리셨다. 현재 하나님은 이런 방법들을 보편적으로 사용하지는 않으신다. 하지만 초자연적인 여러 방법들을 사용하신 것을 안다면 하나님께서 사용하시는 방법에는 제한이 없다는 사실을 깨달을 수 있다.

하나님은 동물을 통해서 자신의 뜻을 알리신 적이 있다. 출애굽시대에 모압 왕 발락이 선지자 발람에게 이스라엘 백성을 저주하기를 요청했다. 하나님은 발람이 하나님을 배반한 사실을 알고 천사를 보내 죽이려 하셨다. 그때 나귀가 주인을 살리려고 천사를 피했지만 이를 알지 못한 발람은 나귀를 채찍질했다. 그때 여호와께서 나귀의 입을 열었고, 나귀는 발람에게 "내가 당신에게 무엇을 하였기에 나를 이같이 세 번을 때리느냐"(민 22:28)라고 항의했다. 발람은 자기를 죽이려고 여호와께서 보내신 천사가 손에 칼을 들고 있는 것을 보고 그제야 상황을 파악하게 되었다.

하나님은 손가락 글씨를 통해서도 메시지를 보내셨다. 하나님이 모세에게 주신 돌판에 직접 글을 쓰셨다.

> "여호와께서 시내산 위에서 모세에게 이르시기를 마치신 때에 증거판 둘을 모세에게 주시니 이는 돌판이요 하나님이 친히 쓰신 것이더라"(출 31:18).

다니엘서에는 하나님의 손가락이 나타나 글을 쓴 사건이 기록되어 있다. 벨사살 왕이 교만하여 성전 그릇으로 잔치를 벌이고 우상들을 찬양할 때에 하나님의 손가락이 나타나서 석회벽에 글자를 썼다.

> "기록된 글자는 이것이니 곧 메네 메네 데겔 우바르신이라. 그 글을 해석하건대 메네는 하나님이 이미 왕의 나라의 시대를 세어서 그것을 끝나게 하셨다 함이요"(단 5:25-26).

하나님은 무지개를 통해서도 약속하셨다. 홍수 심판이 끝나고 노아는 제사를 드렸다. 여호와께서 제물의 향기를 받으시고 다시는 홍수로 심판하지 않겠다고 약속하시며 무지개를 언약으로 주셨다.

"내가 너희와 언약을 세우리니 다시는 모든 생물을 홍수로 멸하지 아니할 것이라. 땅을 멸할 홍수가 다시 있지 아니하리라. 하나님이 이르시되 내가 나와 너희와 및 너희와 함께하는 모든 생물 사이에 대대로 영원히 세우는 언약의 증거는 이것이니라. 내가 내 무지개를 구름 속에 두었나니 이것이 나와 세상 사이의 언약의 증거니라"(창 9:11-13).

제비뽑기를 통해서도 일하셨다. 하나님은 여호수아를 통해 가나안 땅을 분배할 때 제비를 뽑아 정복할 땅을 나눠주셨다.

"그 사람들이 가서 그 땅으로 두루 다니며 성읍들을 따라서 일곱 부분으로 책에 그려서 실로 진영에 돌아와 여호수아에게 나아오니 여호수아가 그들을 위하여 실로의 여호와 앞에서 제비를 뽑고 그가 거기서 이스라엘 자손의 분파대로 그 땅을 분배하였더라"(수 18:9-10).

구약시대에 제비는 사람이 뽑았지만 모든 일을 작정하기는 여호와께 있었다(잠 16:33). 성경이 기록된 후에는 제비뽑기보다 성경을 통해 하나님의 뜻을 이해하고 순종하기를 원하신다. "어리석은 자가 되지 말고 오직 주의 뜻이 무엇인가 이해하라"(엡 5:17).

불기둥과 구름기둥을 통해서도 출애굽한 이스라엘 백성들을 인도하셨다.

> "여호와께서 그들 앞에서 가시며 낮에는 구름기둥으로 그들의 길을 인도하시고 밤에는 불기둥을 그들에게 비추사 낮이나 밤이나 진행하게 하시니"(출 13:21).

하나님은 광야에서 불기둥으로 밤의 매서운 추위로부터 따뜻하게 지켜주셨고, 구름기둥으로 한낮의 땡볕으로부터 보호해주셨다. 우림과 둠밈을 통해서도 하나님의 뜻을 알려주셨다.

> "너는 우림과 둠밈을 판결 흉패 안에 넣어 아론이 여호와 앞에 들어갈 때에 그의 가슴에 붙이게 하라. 아론은 여호와 앞에서 이스라엘 자손의 흉패를 항상 그의 가슴에 붙일지니라"(출 28:30).

다윗은 아비아달이 우림과 둠밈이 들어 있는 에봇을 가지고 온 후에(삼상 23:6) 우림과 둠밈을 통해 하나님에게 여러 번 뜻을 여쭈었다. "다윗은 사울이 자기를 해하려 하는 음모를 알고 제사장 아비아달에게 이르되 에봇을 이리로 가져오라 하고 다윗이 이르되 이스라엘 하나님 여호와여 사울이 나 때문에 이 성읍을 멸하려고 그일라로 내려오기를 꾀한다 함을 주의 종이 분명히 들었나이다. 그일라 사람들이 나를 그의 손에 넘기겠나이까. 주의 종이 들은 대로 사울이 내려오겠나이까. 이스라엘의 하나님 여호와여 원하건대 주의 종에게 일러주옵소서 하니 여호와께서 이르시되 그가 내려오리라 하신지라"(삼상 23:9-11). 이처럼 하나님은 우리가 알지 못하는 다양한 방식을 통해 우리에게 말씀하신다.

How?

P·A·R·T·3

하나님의 음성에
응답하라

* * * * *

Part 3의 키워드는 '응답'이다. 하나님은 하나님의 성품, 하나님의 뜻, 하나님의 때와 방법을 적절한 시기에 성도들에게 알려주신다.

6장의 주제는 '다양한 방법을 통해 알려주시는 하나님의 뜻'이다. 하나님은 하나님 자신, 하나님의 뜻, 하나님의 때와 방법을 알려주신다. 또한 하나님의 뜻은 미래뿐만 아니라 현재, 점뿐만 아니라 범위, 결과뿐만 아니라 과정의 형태로 많이 나타난다.

7장의 주제는 '순종'이다. 성도들은 하나님의 뜻에 순종하되 신속히, 그리고 온전히 순종해야 한다. 삶의 실제 현장에서 성도들이 현실적인 대안, 점진적인 대안, 순교적인 결단으로 순종할 수 있도록 자세한 사례를 들어 설명했다.

CHAPTER. 6

하나님의 뜻을
분별하라

아도니람 저드슨 부부는 미국 최초의 해외선교사였다. 아내 앤은 존 번연의 저작들을 접하면서 하나님을 더욱 깊이 알게 되었다. 남편 아도니람은 의심하고 방황하던 중 기독교에 강한 거부감을 보였던 친구의 죽음을 계기로 하나님에게 돌아왔다.

아도니람은 인도와 미얀마를 비롯해서 아시아에 관한 책들을 읽으며 선교사로서의 사명감을 느꼈다. 그는 '건초더미 기도회'라는 모임을 통해 세상이 필요로 하는 일을 하게 해달라고 기도했다. 아도니람을 포함한 기도회 구성원들은 모두 선교에 헌신하기로 결단했다.

인도 선교사였던 윌리엄 캐리의 조언으로 저드슨 부부는 인도를 거쳐 미얀마로 들어갔다. 캐리 선교사의 아들 펠릭스가 미얀마 대사로 재직 중이어서 저드슨 부부에게 거처와 여러 가지 도움을 제공해주었다. 저드슨 부부는 미얀마에서 언어 공부, 학교 설립, 신약성경 번역을 했다. 부부는 최초의 개종자를 얻는 데 6년이나 걸렸다. 선교 도중에 아도니람은 감옥에 갇히기도 했다. 부부는 건강을 읽게 되었고, 아내 앤은 결국 젊은 나이에 하나님의 품으로 돌아갔다.

아도니람은 아내의 죽음 이후에도 20년 이상 선교사역을 계속했다. 아도니람은 미얀마에 63개 교회를 설립했다. 특히 그는 카렌족 마을에서 집중적으로 사역했다. 카렌족에게는 외국인들이 마을을 방문해서 자신들이 잃어버렸던 하나님의 진리를 회복시켜줄 것이라는 전설이 전해 내려오고 있었다. 이 전설과 아도니람의 헌신으로 인해 카렌족 가운데 큰 회심이 일어났다.

하나님은 아도니람 부부에게 경건서적, 사람, 내적 감동, 환경 등 다양한 방법을 통해 미얀마 선교로 이끄셨다. 하나님의 뜻이 미얀마 사람들의 구원에 있음을 한결같이 알려주시고 이끄셨다.

하나님은 하나님 자신을 계시하신다

하나님께서 우리에게 말씀하시는 이유는 하나님 자신을 계시하시기 위해서다. 하나님은 우리에게 하나님 자신이 어떤 분이신지 보여주길 원하시고, 교제하길 원하신다.

하나님 자신을 계시하신다는 것은 첫째, 하나님은 성도들에게 '하나님의 성품'을 알려주신다. 하나님은 많은 성품을 가지고 계신다. 가장 중요한 성품은 '사랑과 공의'라는 성품이다. 하나님은 사랑과 공의를 통해 이 복잡한 세상을 통치하시고, 성도들을 만나주신다. 성경에서 성도들이 경험한 하나님의 성품은 하나님의 이름으로 인식되었다.

하나님은 아브라함에게 이삭을 모리아에 있는 한 산에서 번제로 바치라고 명령하셨다. 아브라함은 하나님이 능히 이삭을 죽은 자 가운데서 다시 살리실 줄로 믿었기 때문에 신속히 순종했다.

"그가 하나님이 능히 이삭을 죽은 자 가운데서 다시 살리실 줄로 생각한지라. 비유컨대 그를 죽은 자 가운데서 도로 받은 것이니라"(히 11:19).

하나님은 아브라함의 믿음대로 이삭을 살려주셨다. 하나님은 이삭을 대신하여 번제드릴 어린양을 친히 준비하셨다. 아브라함이 그 땅의 이름을 "여호와께서 준비하신다"라는 의미로 '여호와 이레'라 하였다(창 22:14).

출애굽시대 모세는 여호와의 명령으로 아말렉과 전쟁을 했다.

하나님은 모세, 아론, 훌, 여호수아를 통해 이스라엘에 승리를 주셨다. 모세가 승리를 기념하여 제단을 쌓고 그 이름을 "여호와는 나의 깃발이시다"라는 의미로 '여호와 닛시' 라 하였다(출 17:15).

하나님의 이름 중 가장 귀한 이름은 "여호와는 구원이시다"라는 의미인 '여호와 수아'다. 이 이름을 구약에서는 '여호수아' 혹은 '예수아', 신약에서는 성자 하나님이 '예수' 라는 이름으로 사용하셨다. 십자가 사역으로 인해 하나님은 예수님을 지극히 높여 모든 이름 위에 뛰어난 그 이름을 주셨다(빌 2:9).

여기서 중요한 점은 성도들이 하나님을 경험할 때 하나님의 성품을 알게 되고, 하나님의 이름으로 표현되었다는 사실이다. 신앙생활은 죽은 종교생활이 아니다. 살아계신 하나님을 날마다 경험하는 삶이 진실된 신앙생활이다. 하나님의 성품은 성도들에게 경험될 수 있다. 하나님은 성도들에게 말씀하심으로써 하나님의 성품을 경험하게 하신다.

둘째, 하나님은 '하나님의 뜻'을 알려주심으로써 자신을 계시하신다. 이 세상과 우리를 향하신 하나님의 목적과 의도는 분명히 존재한다. 하나님은 우리가 인식할 수 있도록 하나님의 뜻을 다양한 방식으로 충분히 알려주신다. 하나님의 관심은 '하나님의 나라'에 있다. 하나님의 나라는 하나님의 통치가 온전히 살아 있는 거룩한 나라이다. 에덴동산 이후로 이 땅에서 하나님의 나라는 항상 불완전했다. 이 땅에서 하나님의 나라는 부분적으로만 성취되었을 뿐이다. 하나님은 예수님을 통해 영원한 하나님 나라의 반석을 세우셨다. 하나님은 예수님의 십자가와 부활사역을 통해 하나님 나라의 백성들을 회복하기 시작하셨다. 하나님은 새 하늘, 새 땅에서 하나님의 백성들과 함께 영원히 통치하실 것이다.

하나님의 나라를 추구하는 과정 가운데 이 땅에서 두 가지 명령을 하셨다. 하나는 큰 계명이다.

"예수께서 대답하시되 첫째는 이것이니 이스라엘아 들으라. 주 곧 우리 하나님은 유일한 주시라. 네 마음을 다하고 목숨을 다하고 뜻을 다하고 힘을 다하여 주 너의 하나님을 사랑하라 하신 것이요, 둘째는 이것이니 네 이웃을 네 자신과 같이 사랑하라 하신 것이라. 이보다 더 큰 계명이 없느니라"(막 12:29-31).

큰 계명은 예수님께서 직접 이보다 더 큰 계명이 없다고 하셨기에 중요하다. 큰 계명을 요약하면 '하나님 사랑, 이웃 사랑'이다.

또 하나는 지상사명이다.

"그러므로 너희는 가서 모든 민족을 제자로 삼아 아버지와 아들과 성령의 이름으로 세례를 베풀고 내가 너희에게 분부한 모든 것을 가르쳐 지키게 하라. 볼지어다. 내가 세상 끝날까지 너희와 항상 함께 있으리라 하시니라"(마 28:19-20).

지상사명은 예수님의 승천 직전 유언이기에 중요하다. 지상사명을 요약하면 '제자 되고, 제자 삼는 사명'이다. 제자 되는 삶을 통해 하나님을 사랑하고 사람을 사랑할 수 있다. 성도들이 지상사명과 큰 계명에 순종함을 통해 하나님은 하나님의 나라를 이루어가신다.

우리의 삶 속에서 경험하는 크고 작은 문제들은 모두 하나님의 나라, 큰 계명, 지상사명의 하위개념이다. 가정과 일터에서 경험하는 문제들 역시 동일하다. 가정과 일터와 우리의 인생 모두 하나님의 나라를 목적으로 삼아야 한다. 하나님의 나라와 우리의 가정은 분리되어 있지 않다. 큰 계명, 지상사명과 우리의 일터는 분리되어 있지 않다. 우리의 인생 하루하루는 하나님의 나라를 향한다. 이것이 하나님의 뜻이다.

하나님의 뜻은 우리에게 순종해야 할 진리라는 단어로 다가온다. 베스트셀러 작가이자 유명한 강사인 찰스 스탠리 목사는 그의 저서 「하나님의 음성을 듣는 법」에서 하나님께서 우리에게 말씀하시는 목적이 진리를 알게 하기 위함이라고 분명히 말하고 있다. "첫째, 우리가 하나님의 진리를 알게 하기 위함이다. 가끔 하나님의 음성이 잘 분별되지 않는 이유는 하나님이 명확하지 않기 때문이 아니라 우리의 무엇인가가 방해하기 때문이다. 둘째, 우리가 진리를 따르게 하기 위함이다. 하나님의 진리를 알면 우리는 하나님의 형상대로 빚어지기를 거부하거나 순종하거나 둘 중에 하나를 선택할 수밖에 없다. 셋째, 우리가 진리를 전하게 하기 위함이다. 주님이 주신 모든 좋은 것은 다른 사람에게 나누라고 주신 것이다."

셋째, 하나님은 '하나님의 때와 방법'을 알려주심으로써 자신을 계시하신다. 사도행전 8장에서 하나님은 빌립에게 "일어나서 남쪽으로 향하여 예루살렘에서 가사로 내려가는 길까지 가라"(26절)고 명령하셨다. 목적지는 광야였지만 빌립은 즉시 순종했다.

빌립이 가서 보니 에티오피아 여왕 간다게의 모든 국고를 맡은 관리인 내시가 수레를 타고 있었다. 그는 예배하러 예루살렘에 왔다가 돌아가는 길이었다. 빌립은 내시에게 그가 수레에서 읽고 있던 이사야의 글에서 시작하여 복음을 전했다. 하나님은 하나님의 때에, 하나님의 방법으로 빌립을 통해서 에티오피아 내시에게 복음을 전하도록 하셨다.

「5만 번 응답받은 뮬러의 기도 비밀」에 의하면 뮬러는 하나님의 때와 방법을 철저히 기다리는 사람이었다. "어떤 기도는 하루 만에 응답되었지만 어떤 기도는 한 달을 기다려야 했다. 또 다른 기도는 수십 년 이상 기다려서, 심지어 그가 죽은 후에 응답된 경우도 있었다. 기도의 응답은 나의 시간에 좌우되는 것이 아니라 언제나 하나님의 편에 달려 있다. 뮬러가 했던 일은 믿음으로 기도하며 하나님의 응답 시간까지 포기하지 않고 기다리는 것이었다." 뮬러는 우리에게 하나님의 때를 기다리는 훌륭한 본을 보여주었다.

이와는 반대로 북이스라엘의 초대 왕이었던 여로보암은 하나님의 방법을 무시함으로써 하나님에게 책망을 받았다. 그는 남유다에 속한 예루살렘 성전으로 인해 불안했다. 북이스라엘 백성들이 여호와를 섬기기 위해 예루살렘에 방문하면서 백성들의 마음이 남유다의 왕 르호보암에게로 돌아갈 것이라 염려했다. 그래서 그는 단과 벧엘에 금송아지를 만들어 우상을 숭배하도록 유도했다(왕상 12장).

여로보암은 여기서 멈추지 않았다. 그는 산당들을 짓고 레위 자손이 아닌 보통 백성으로 제사장을 삼았다. 유다의 절기와 비슷하게 팔월 십오일로 절기를 정하여 산당에서 제사를 지내고, 금송아지를 숭배하는 죄를 짓게 하였다. 여로보암은 하나님의 뜻으로 왕이 되었지만 하나님의 뜻대로 북이스라엘을 통치하지 않았다. 하나님의 방법이 아니라 자기의 방법을 사용했다. 결국 여로보암은 하나님에게 큰 책망을 받았다.

하나님의 뜻, 미래인가 현재인가?

모든 성도는 하나님의 뜻을 알고 싶은 갈망이 있다. 요즘 당신이 하나님에게 질문하고 싶은 것은 무엇인가? 당신은 무엇에 대해 하나님의 뜻을 알고 싶은가?

직장사역연구소 소장이었던 방선기 목사는 「직장백서」에서 하나님의 뜻은 "미래에 일어날 일이라기보다 현재 내가 순종해야 할 일이며, 고정되고 불변하는 한 가지 뜻이라기보다 순종해야 할 범위이며, 결과라기보다 과정"이라고 말했다. 이를 기초로 하나님의 뜻을 분별할 수 있는 기준을 나누고자 한다. 하나님의 뜻은 미래에 일어날 일을 미리 아는 것인가, 아니면 현재 상황에서 순종해야 할 원칙인가?

사무엘상 28장에는 이스라엘과 블레셋의 전쟁 장면이 나온다. 사울 왕은 전쟁을 해야 할지 말아야 할지, 전쟁에서 어떻게 하면 승리할지 하나님의 뜻을 묻고자 했다. 하지만 하나님은 사울에게 꿈으로도, 우림으로도, 선지자로도 대답하지 않으셨다(삼상 28:6). 마음이 조급해진 사울은 신하들에게 "나를 위하여 신접한 여인을 찾으라. 내가 그리로 가서 그에게 물으리라"고 했다. 그의 신하들이 엔돌 지방에서 신접한 여인을 찾아 사울에게 보고했다.

사울 왕은 미래의 자기 운명을 알고 싶었다. 하지만 하나님의 뜻은 순종이었다.

> "사무엘이 이르되 여호와께서 번제와 다른 제사를 그의 목소리를 청종하는 것을 좋아하심같이 좋아하시겠나이까. 순종이 제사보다 낫고 듣는 것이 숫양의 기름보다 나으니"(삼상 15:22).

사울은 하나님의 뜻에 불순종하면서 하나님이 자신에게 승리를 주시길 원했다.

사울 왕은 자기가 원하는 것을 얻기 위해 하나님에게 불순종했다. 사울 왕이 하나님에게 순종했더라면 그는 자기가 원하는 것을 얻을 수 있었을 것이다. 그러나 그는 불순종하였기에 자신이 원하는 것을 얻을 수 없게 되었고, 결국 하나님에게 버림당하였다. "이는 거역하는 것은 점치는 죄와 같고 완고한 것은 사신 우상에게 절하는 죄와 같음이라. 왕이 여호와의 말씀을 버렸으므로 여호와께서도 왕을 버려 왕이 되지 못하게 하셨나이다 하니"(삼상 15:23).

하나님의 뜻은 '내가 미래에 어떻게 될 것'이라기보다 '현재 내가 순종해야 하는 것'이다. 성도들도 사울 왕과 비슷한 실수를 저지를 수 있다. 자신의 미래에 대해서는 궁금증을 갖지만 현재 나를 향하신 하나님의 뜻이 무엇인지에 대해서는 관심이 없을 수 있다. 우리는 현재 내가 순종해야 할 하나님의 뜻이 무엇인가에 먼저 집중해야 한다.

"이 사업을 하면 앞으로 잘될까요?"라고 묻는 것보다 성경적인 사업의 원칙과 마인드를 가지고 비즈니스를 해야 한다. "어떤 직장에서 어떤 직업을 가지게 될까요?"라고 질문하는 것보다 성경적인 직업관을 공부하고, 재능과 적성을 따라 노력하며 선택해야 한다.

미신적인 신앙생활을 하는 사람들은 사업 시작 전, 자식 결혼 전, 대학입시 전, 승진시험 전처럼 중요한 결정을 앞두고 '예수 무당'을 찾는다. 용한 기도원 원장을 찾아가서 물어보고 싶어진다. 이는 모두 사울과 같은 사람들이다. 하나님의 뜻에 불순종하는 방식으로 행동하면서 복을 받고 싶은 것이다.

악한 사람들은 이런 사람의 심리를 이용하기도 한다. 이렇게 하는 것이 하나님의 뜻이라고 거짓으로 예언하면 꼼짝 못한다. 내가 꿈을 꾸었는데, 하나님이 나타나셔서 이렇게 말씀하셨다고 하면 정말 그런 줄 믿는다. 하나님의 뜻은 숨겨져 있는 것이 아니라 성경에 명확하게 드러나 있다. 하나님의 뜻은 공부하면 알게 되고, 여쭈어 보면 다양한 방법으로 말씀하신다. 미래를 알려고 노력할 것이 아니라 하나님의 뜻에 지금 순종하려는 태도가 하나님 앞에서 바람직하다.

하나님의 뜻, 점인가 범위인가?

하나님의 뜻은 점일 수도 있고 범위일 수도 있다. 점으로써 하나님의 뜻은 특정상황에서 하나님의 뜻이 정해져 있다는 의미이다. 범위로써 하나님의 뜻은 성경적인 범위 안에서 사람이 선택할 수 있다는 의미이다.

성경에는 하나님의 뜻이 고정된 점으로 나타나는 다양한 사례가 있다. 사도 바울이 전도여행할 때의 일이었다(행 16장). 성령께서 바울이 아시아 방향으로 말씀을 전하지 못하게 하셨다. 바울은 브루기아와 갈라디아 땅으로 다녀가 무시아 앞에 이르러 비두니아로 가고자 애썼지만 예수님의 영이 허락하지 않으셨다. 그래서 바울 일행은 무시아를 지나 드로아로 내려갔다. 드로아에서 밤에 "마게도냐 사람 하나가 서서 그에게 청하여 이르되 마게도냐로 건너와서 우리를 도우라"는 환상이 바울에게 보였다. 바울이 그 환상을 봤을 때 마게도냐로 가서 복음을 전하라는 하나님의 인도하심으로 받아들였다.

이와 비슷한 예로 이삭의 배우자로 리브가가 결정되어 있었다. 다윗은 작고 초라한 막내였지만 이스라엘의 두 번째 왕으로 예비되어 있었다. 남유다는 멸망 직전, 바벨론에 항복하는 것이 하나님의 뜻이었다. 바벨론 포로생활 70년이 차면 이스라엘이 재건되는 게 하나님의 뜻이었다. 하나님의 뜻은 고정된 점의 형태로 나타났다.

반면 하나님의 뜻이 고정되지 않은 범위로 나타나는 경우도 있다. 하나님은 성도들의 의사결정에 사사건건 개입하시는가, 아니면 성도의 자율에 맡기시는가? 맡기시는 부분이 있다면 비율은 어느 정도이며, 기준은 무엇일까? 중요한 일이면 개입하시고 중요하지 않은 일이면 개입하지 않으시는가?

"점심 뭐 먹을까요? 짜장면 먹을까요? 짬뽕 먹을까요?"

"하나님, 저 자매랑(혹은 형제랑) 결혼하는 것이 하나님의 뜻입니까?"

하나님은 이런 질문에 어디까지 응답해주실까?

하나님의 뜻은 범위인 경우가 많다. 성경적인 원칙 안에 있다면 다양한 선택이 가능하다. 하나님은 인간을 선택의 자유가 있는 존재로 만드셨다. "어느 아파트에 살까요? 어느 대학, 어느 학과를 갈까요? 누구랑 결혼할까요? 어떤 아이템으로 사업을 할까요? 자녀는 몇 명 낳을까요?" 이런 문제들에 대해 하나님은 대부분 일일이 대답하지 않으신다. 대답하시는 경우가 있지만 그런 경우가 오히려 예외적이다.

사도 바울의 선교여행 역시 도시마다 직접 하나님의 개입이 있었던 것은 아니었다. 이방인에게 복음을 전하는 일은 바울에게 허락하고 명령하신 범위였다. 바울은 그 안에서 마음껏 복음을 전했다. 때에 따라 하나님의 특별한 계획이 있을 때에는 마게도냐인의 환상과 같이 구체적으로 개입하셨다.

그럼에도 우리는 매사에 기도해야 한다. 그 이유는 이 상황에서 정해진 하나님의 뜻이 있을 수 있기 때문이다. 또한 스스로 선택하더라도 나의 선택이 성경의 보편적인 원칙에서 벗어나지 않도록 하기 위해서 우리는 죽을 만큼 기도해야 한다. 무엇을 선택하든지 나의 모든 것의 주인이 하나님이심을 잊어서는 안 된다. "너는 범사에 그를 인정하라. 그리하면 네 길을 지도하시리라."(잠 3:6).

하나님의 뜻,
결과인가 과정인가?

"왜 하나님은 하나님의 뜻을 **빨리빨리** 알려주지 않으실까요?" "왜 하나님은 하나님의 뜻을 속 시원하게 알려주지 않으실까요?" 많은 성도들이 이런 질문을 자주한다. 우리 하나님은 선하시다. 무엇인가 하시면 행하시는 이유가 있고, 하지 않으시면 하지 않으시는 이유가 있다. 그리고 그 이유는 항상 우리를 향하신 사랑이다.

하나님의 뜻이 결과로 나타나는 경우가 있다. 예를 들어 하나님은 사울을 이스라엘의 통일 왕으로 기름 부으셨다. "이에 사무엘이 기름병을 가져다가 사울의 머리에 붓고 입맞추며 이르되 여호와께서 네게 기름을 부으사 그의 기업의 지도자로 삼지 아니하셨느냐"(삼상 10:1). 하나님의 뜻은 명확하게 사울을 왕으로 세우는 것이었다. 사울을 왕으로 세우신 것은 하나님의 뜻이 결과로 나타난 사건이라 볼 수 있다.

그러나 사울 왕이 타락하자 하나님은 새로운 계획을 세우셨다. 하나님은 다윗을 이스라엘의 두 번째 통일 왕으로 세우셨다. "사무엘이 기름 뿔병을 가져다가 그의 형제 중에서 그에게 부었더니 이날 이후로 다윗이 여호와의 영에게 크게 감동되니라. 사무엘이 떠나서 라마로 가니라"(삼상 16:13). 다윗을 왕으로 세우신 것 역시 하나님의 뜻이 결과로 나타난 사건이라 볼 수 있다.

다윗과 사울의 경우 둘 다 본인은 원하지 않았지만 하나님이 직접 지명하여 왕으로 세우셨다는 공통점이 있다. 그러나 둘 사이에 차이점은 너무나 많다. 결정적인 차이는 그들의 인생에 대한 하나님의 평가이다. 여호와 하나님께서는 사울을 이스라엘 왕으로 삼으신 것을 후회하셨고, 사무엘도 말년에 사울을 다시 가서 보지 않았다(삼상 15:35). 그러나 다윗에 대해서는 "내가 이새의 아들 다윗을 만나니 내 마음에 맞는 사람이라. 내 뜻을 다 이루리라"(행 13:22)고 극찬하셨다. 그런 다윗은 왕 중의 왕이신 예수 그리스도의 예표로 존경받는 삶을 살았다.

그렇다면 다윗과 사울 왕의 평가가 이렇게 결정적으로 갈리게 된 원인은 무엇인가? 그것은 왕이 되기까지의 과정에 있다. 사울은 왕이 되기까지 대적자와의 갈등이 없었던 것은 아니었지만 다윗에 비해서는 비교적 쉽게 왕이 되었다. 이에 비해 다윗은 왕으로 기름부음 받고 나서 10년 이상 사울 왕에게 목숨의 위협을 느끼며 도피 생활을 했다. 다윗은 왕이 되기를 기도해서 기름부음 받은 것이 아니었다. 그는 왕이 되는 것이 꿈도, 비전도 아닌 사람이었다. 하나님께서 주권적으로 다윗을 왕으로 세우셨을 뿐이었다.

하나님은 왜 다윗이 왕이 되기 10여 년 전에 먼저 기름을 부으셨을까? 다윗은 30세에 왕위에 올라 40년 동안 다스렸다(삼하 5:4). 왕위에 오른 30세에 기름을 부어 왕이 되어도 괜찮은데, 하나님은 굳이 십대 다윗에게 기름을 부으셨다. 왜 그렇게 하셨을까? 이 사건이 하나님의 뜻은 결과보다 과정을 중시함을 잘 보여준다고 할 수 있다. 하나님의 뜻은 다윗이 단순히 왕좌에 앉는 게 아니었다. 하나님은 다윗이 하나님을 경외하고, 하나님을 신뢰하는 왕이 되어 하나님의 뜻을 이루는 것을 기대하셨다.

하나님은 다윗에게 기름을 붓고 왕으로 세우기까지 걸린 10년의 시간을 다윗을 연단하는 시간으로 사용하셨다. 하나님은 다윗이 왕좌보다 하나님을 더 소중히 여기기를 바라셨다. 하나님은 다윗이 왕권보다 하나님을 경외하는 일에 더 큰 가치를 두기를 원하셨다.

다윗은 10년의 광야생활 가운데 해결되지 않는 질문이 있었을 것이다. "하나님, 왜 이런 고통을 허락하시는지요?" 다윗은 연단받던 광야에서는 하나님의 계획을 알지 못했다. 단지 다윗은 하나님을 진실로 신뢰했기에 죽음의 위협에도 불구하고 하나님을 배반하지 않았다. 그가 광야에서 보낸 시간은 헛되지 않았다. 다윗은 하나님께서 기대하는 왕이 되었다.

하나님은 우리 모든 성도가 다윗처럼 하나님을 온전히 신뢰하기를 원하신다. 사람이 어떻게 하나님의 모든 생각을 알고 이해하며 순종할 수 있겠는가! 하나님의 뜻을 연구하는 것이 성도의 마땅한 본분이지만 그렇다고 해서 하나님의 뜻을 모두 알고 순종하는 일은 불가능하다. 그러기에 우리에게는 하나님의 뜻을 이해하면서 순종하고, 이해하지 못해도 순종하는 태도가 필요하다.

사람은 누구나 고통받기 싫어한다. 성도들은 고난받지 않고 성숙하길 원한다. 하지만 고난 없는 성숙은 없다. 고난 없이는 다윗과 같은 삶이 아니라 사울과 같은 삶을 살게 될 뿐이다. 고난 가운데 믿음으로 반응하는 법을 배워야지만 하나님보다 더 가치 있게 여기는 일들이 없어진다. 성도는 고난을 통해 하나님이 가장 존귀하다는 사실을 깨닫게 된다. 고난 없는 인생은 사울이 된다. 그러나 고난 가운데 믿음으로 반응하면 다윗이 된다.

> "내가 가는 길을 그가 아시나니 그가 나를 단련하신 후에는 내가 순금같이 되어 나오리라"(욥 23:10).

사울처럼 하나님보다 왕권을 탐하는 자는 왕좌에 오를 자격이 없다. 하나님보다 재물을 탐하는 자는 재물을 누릴 자격이 없다. 하나님보다 하나님이 주신 것을 더 소중히 여기는 자는 그 모든 것을 누릴 자격이 없다. 우리는 하나님이 주시는 연단의 과정을 통해 하나님 자신을 하나님이 주신 것보다 더 소중히 여기게 된다.

신속하고 온전하게 순종하라

아시시의 프란체스코는 13세기 초 부유한 의류상인의 아들로 태어났다. 그는 다른 젊은이들처럼 부유한 상인이나 기사가 되기를 원했다. 그는 아시시와 페루지아 사이에 일어난 전쟁에 참가하여 기사의 꿈을 이루고자 했다. 하지만 전쟁터에서 포로가 되어 고초를 겪고 병까지 걸리자 부유함에 대한 회의를 품게 되었다. 그 과정에서 깊은 영적 변화를 경험한 프란체스코는 세속적인 생활에서 벗어나 점차 하나님이 주시는 영적인 기쁨에 젖어들게 되었다.

프란체스코는 선천적으로 가난한 이들에게 관심이 많았다. 주님의 가르침에 순종하여 가난한 자를 돌보려는 그의 열정은 점차 커졌다. 그의 순종은 아버지의 부를 포기하고 가난을 선택하는 삶으로까지 나아갔다. 그는 음식 한 조각, 옷 한 벌이라도 가난한 사람들에게 나누어주고 스스로 가난해졌다. 당시 교회는 권력과 부를 축적했다. 부자는 교회의 축복 아래 더욱 부자가 되었고, 가난한 사람들을 모른 체했다. 그러나 프란체스코의 순종은 당시 권력과 부를 추구하던 교회에 큰 반향을 일으켰다.

신속하고 온전하게 순종하라

순종에도 진짜와 가짜가 있다. 하나님은 성도들이 망설임 없이 신속하게 순종하길 원하신다. "주의 계명들을 지키기에 신속히 하고 지체하지 아니하였나이다"(시 119:60). 순종하려는 마음이 없다면 하나님의 음성을 듣고자 하는 성도들의 모든 노력은 거짓일 뿐이다. 신속하게 순종하려는 태도 없이 하나님의 음성을 듣고자 하는 것은 하나님을 이용하려는 수작에 불과하다.

하나님은 성도들의 온전한 순종을 원하신다. 하나님은 아말렉과의 전쟁에서 사울 왕에게 아랄렉을 온전히 진멸하라고 명령하셨다. "지금 가서 아말렉을 쳐서 그들의 모든 소유를 남기지 말고 진멸하되 남녀와 소아와 젖 먹는 아이와 우양과 낙타와 나귀를 죽이라 하셨나이다 하니"(삼상 15:3). 하지만 사울 왕은 사로잡은 아말렉의 양과 소의 가장 좋은 것 또는 기름진 것과 어린양과 모든 좋은 것을 진멸하지 않았다. 오히려 그는 가치 없고 하찮은 것만을 진멸했다.

온전하지 않은 순종은 순종이 아니며 부분적인 순종도 순종이 아니다. 사울 왕은 하나님의 뜻이 자기 이익과 일치하는 동안에만 순종했다. 하나님의 뜻이 자기 이익과 상충되는 순간에 사울 왕은 자기 이익을 택했다. 자기를 승리하게 하신 하나님을 배반했다. 그가 부분적으로 순종한 것은 자기 이익을 추구하였을 뿐 진실한 순종이라고 할 수 없다. 순종이 진실하기 위해서는 자원하는 마음이 있어야만 한다.

아담과 하와의 타락 이후에 많은 사람들이 의문을 가졌다. "하나님은 왜 처음부터 아담과 하와가 선악과를 따먹지 못하게 하지 않으셨는가? 하나님은 아담과 하와가 타락할 줄 아시면서 왜 선악을 알게 하는 나무를 만드셨는가?" 하나님은 사람들이 자기 의지로 자원해서 순종하기를 원하셨다. 자원해서 순종하지 않는다면 하나님에게는 의미가 없다. 하나님이 사람에게 자유 의지를 주신 이유가 바로 그것이다. 타락이 하나님을 배반하는 마음에서 시작되었다면 진실한 순종은 반드시 자원하는 마음에서부터 비롯되어야 한다.

우리가 순종하려는 태도를 가졌지만 하나님이 빨리 말씀하시지 않는다고 느낄 때가 있다. 이런 경우 '영적 어머니'라 불리는 조이 도우슨은 자신의 저서 「하나님의 음성을 듣는 삶」에서 기도의 내용을 점검해야 한다고 말한다. "우리가 잘못된 질문을 했거나, 올바른 때에 질문하지 않았거나, 먼저 질문해야 할 것이 있는 경우에 응답을 늦추실 수 있다. 우리가 상관할 일이 아닌 다른 사람의 인생에 관한 질문을 하는 경우에 그러실 수 있다. 우리가 특정한 때와 방법으로 응답받기를 고집하는 경우에 그러실 수 있다. 지도자를 통해 먼저 응답해주시려는 의도가 있으시거나 말씀을 통해 응답해주시려는데 아직 그 부분까지 읽지 않은 경우 그러실 수 있다. 우리가 교만할 경우에 침묵하실 수 있다. 우리를 낮추시고 다른 사람을 통해 말씀하실 수 있다는 사실을 가르치기 위해서 그렇게 하실 수 있으시다."

현실적인 대안으로 순종하라

직장사역연합 대표인 방선기 목사는 하나님의 뜻에 순종하는 방법으로 다음 세 가지 대안을 자신의 저서 「직장백서」에서 제안하고 있다. 그것은 현실적인 대안, 점진적인 대안, 순교적인 결단이다.

고린도교회에는 우상제물을 먹는 문제가 심각한 사회적인 문제로 대두되었다. 고린도교회 당시 '황제숭배'와 '우상숭배'가 성행했다. 제사에 사용되었던 제물은 신전에 바쳐지거나, 제사장과 예배자들에게 제공되었다. 제사장들은 보통 많은 양의 고기를 할당받았기 때문에 남은 고기를 시중에 유통시켰다. 그래서 상점에서 판매되는 대부분의 음식들은 제물로 바쳐진 음식들이었다. 이러한 상황으로 인해 성도들이 시장에서 파는 우상제물을 먹어도 괜찮은지에 대한 문제가 발생하게 되었다.

우상제물 문제에 대한 첫 번째 접근법으로 '현실적인 대안'이 있다. 사도 바울은 "시장에서 파는 것은 양심을 위하여 묻지 말고 먹으라"(고전 10:25)고 했다. 바울의 가르침은 세상과 타협하라는 의미가 아니다. 시장에서 파는 것은 양심을 위하여 묻지 말고 먹어도 되는 이유는 "땅과 거기 충만한 것이 주의 것"(고전 10:26)이기 때문이다. 하나님이 지으신 모든 것이 선하다. 모든 음식은 우상제물이기 이전에 하나님께서 선하게 창조하신 피조물이다. "하나님께서 지으신 모든 것이 선하매 감사함으로 받으면 버릴 것이 없나니 하나님의 말씀과 기도로 거룩하여짐이라"(딤전 4:4-5).

그러나 만일 누군가가 너희에게 이것이 제물이라 말하는 경우에는 "알게 한 자와 그 양심을 위하여 먹지 말라"(고전 10:28)고 했다. 우상제물을 먹는 일이 양심에 거리끼는 사람은 먹지 않는 것이 유익하다. 제사 음식을 먹었을 때 배탈이 나는 사람도 있다. 우상제물이 영적으로, 심리적으로, 육체적으로 문제를 일으킨다면 안 먹는 것이 유익하다.

나는 2008년에 신학대학원을 졸업한 후 1년간 사역하지 않고 직장을 다녔다. 그 기간 동안 청소용역회사에 고용되어 어느 대기업

건물에서 카펫 청소를 했다. 청소회사에서는 약품의 품질과 단가문제에서 선택해야 하는 것이 있었다. 인체에 무해하면서 청소 품질이 높은 약품은 가격이 비싸고, 청소 품질이 높으면서도 가격이 저렴한 제품은 인체에 유해했다. 인체에 무해하면서 청소 품질도 좋고 가격도 낮은 제품은 구하기가 쉽지 않았다. 이럴 때 크리스천은 어떻게 해야 하는가? 크리스천 경영자는 어떤 선택을 해야 하는가?

현실적인 대안으로 저렴한 약품을 사용하되 약품의 독성을 중화할 수 있도록 물로 한 번 더 세척하는 방법, 충분히 환기시키는 방법, 주말이나 휴일 전날 청소 작업량을 늘리는 방법 등을 선택할 수 있다. 관심을 가진다면 이 외에도 얼마든지 약품의 독성을 중화시킬 수 있는 다양한 방법들을 찾을 수 있을 것이다.

점진적인 대안으로 순종하라

점진적인 대안이란 당장은 변화가 힘들지라도 점진적으로 더 좋은 방법을 찾는 일이다. 우상제물에 대한 점진적인 대안은 무엇이 있을까? 신자들이 점점 늘어나면 그들이 공동구매를 하는 방법을 생각해볼 수 있다. 여러 사람이 소나 돼지를 몇 마리 구입해서 제사드리지 않은 깨끗한 고기로 주문할 수 있다. 시간이 좀 더

흐르면서 신앙공동체 내에 다양한 직업을 가진 사람이 들어오게 된다. 정육점 사장이 복음을 받아들이고 신자가 될 수도 있다. 신자 중 한 사람이 새롭게 정육점을 운영할 수도 있다. 그들로부터 성도들은 제사드리지 않은 고기를 구입할 수 있다. 점진적으로 신자들이 우상 제물을 피해갈 수 있는 사회적인 시스템을 만들어갈 수 있다.

신약시대 당시, 처음에는 그리스도인들이 로마사회의 구성원으로 인정받지 못했기에 그들을 향한 배려가 없었다. 그러나 점차 그리스도인들의 입지가 커졌으며, 마침내 로마가 기독교를 공인하게 되면서 이 문제에 대해 고민할 필요가 없는 사회적인 시스템이 마련되었다.

카펫 청소회사의 약품문제에 대한 점진적인 대안은 무엇이 있을까? 간단하지는 않겠지만 인체에 영향이 적고 사업성 있는 약품을 찾거나 개발하려는 노력이 점진적인 대안이 될 수 있다.

직장의 회식문화에서도 점진적인 대안이 적용될 수 있다. 한국 사회에서 대부분의 회식은 여전히 "죽도록 술 마시고 죽자"라는 문화가 많다. 더구나 본인만 술을 먹는 것이 아니라 동료들에게 권하고, 부하직원들에게 강요하기까지 한다. 크리스천이라 이런 회식자리에서 스트레스를 받다가 결국 회사를 그만두는 사람도 있다.

성도들은 하나님을 의지해서 어떻게든 버텨야 한다. 지위가 과장이 되고 부장이 되면 점진적으로 회식문화를 바꾸어갈 수 있다. 당장은 힘들더라도 하나님을 신뢰하며 방법을 찾아야 한다. 회사에서의 신앙적인 영향력을 확장하여 건강한 일터문화, 건강한 회식문화를 만들어가는 것이 세상에서 빛과 소금의 역할을 하는 크리스천의 모습이다.

순교적인 결단으로 순종하라

사도 바울은 우상제물과 관련하여 우상제물은 먹지 않겠다는 순교적인 결단을 했다. "그러므로 만일 음식이 내 형제를 실족하게 한다면 나는 영원히 고기를 먹지 아니하여 내 형제를 실족하지 않게 하리라"(고전 8:13). 자신이 우상제물을 먹다가 혹시 믿음이 약한 형제가 실족할 수도 있음을 알았기 때문이었다.

순교적인 결단은 하나님의 인도하심이 있어야 한다. 사람의 결단으로 할 수 있는 일이 아니다. 사람의 결단으로 하게 되면 나중에 다른 문제가 생긴다. 자신은 믿음으로 결단했다고 생각하지만 하나님의 도우심을 경험하지 못하는 일이 생길 수 있다. 동시에 순교적인 결단은 자신의 희생과 권리 포기를 전제로 한다. 다른 사람에게 강요할 수 있는 일이 아니다. 믿음을 통한 자기 결단으로만 가능하다. 강요로 인한 순교적인 결단을 하는 사람은 이후 받을 고난을 감당할 수 없어 후회하게 된다. 하나님의 뜻대로 했는데 왜 안 도와주시냐고 하나님을 원망하기까지 한다. 카펫 청소회사의 약품문제에 대한 순교적인 결단은 무엇일까? 회사가 폐업하더라도 좋은 약품을 쓰겠다는 것이 이에 해당한다.

여러 가지 문제 가운데 어떻게 하나님의 인도하심을 찾을 수 있는가? 당면한 문제에 대한 성경적인 기준을 찾고, 기도하면서 인도하심을 받으려는 노력이 필요하다. 그 가운데 내 믿음의 수준을 고려하고, 믿음으로 선택해야 한다. 특별히 내 믿음의 분량을 고려하면서 하나님의 뜻을 찾아야 한다. "의심하고 먹는 자는 정죄되었나니 이는 믿음을 따라 하지 아니하였기 때문이라. 믿음을 따라 하지 아니하는 것은 다 죄니라"(롬 14:23).

모든 결정의 기준은 나의 이익이 아니라 하나님의 뜻과 공동체의 유익을 우선적으로 고려해서 선택해야 한다.

> "모든 것이 가하나 모든 것이 유익한 것은 아니요 모든 것이 가하나 모든 것이 덕을 세우는 것은 아니니 누구든지 자기의 유익을 구하지 말고 남의 유익을 구하라"(고전 10:23-24).

영성신학자 리처드 포스터는 그의 저서 「영적 훈련과 성장」에서 순종에 관하여 이렇게 말한다. "모든 훈련은 그에 상응하는 자유를 준다. 복종의 훈련에 상응하는 자유는 무엇인가? 그것은 항상 모든 일이 내 마음대로 되어야 한다고 생각하는 무거운 짐을 버릴 수 있는 능력이다. 내가 원하는 대로 일이 진행되어야 한다는 강박 관념이 오늘날 인간 사회의 가장 큰 속박 가운데 하나이다. 복종의 훈련을 통하여 우리는 그런 문제에서 떠날 수 있는 자유와 잊어버릴 수 있는 자유를 얻게 된다." 우리가 주님의 뜻에 온전하게 순종하는 만큼 온전한 자유를 누리게 된다. "너희가 내 말에 거하면 참으로 내 제자가 되고 진리를 알지니 진리가 너희를 자유롭게 하리라"(요 8:31-32).

| 에필로그 | 하나님의 음성을 들으려는 동기를 점검하라

하나님은 지금도 여전히 말씀하시는 분이다. 성도라면 누구나 당연히 하나님의 음성을 들으려 노력해야 하고, 하나님의 뜻을 찾으려고 해야 한다. 지금까지 이 책은 하나님의 뜻을 알 수 있는 다양한 방법들을 이야기했다. 여기서 한 걸음 더 나아가 이 책을 통해 실제적인 유익을 얻기 위해, 다음의 몇 가지 기준으로 하나님의 음성을 들으려는 동기와 목적을 점검해보기 바란다.

첫째, 당신이 하나님의 음성을 들으려는 마음의 동기가 무엇인가? 하나님의 음성을 들으면 왠지 좋은 일이 생길 것 같은 느낌이 들어서인가? 하나님께서 시키는 대로 하면 성공하고 부자가 될 것 같아서인가? 만약 이런 마음이라면 그 동기는 잘못되었다. 우리가 하나님의 음성을 들으려는 목적은 하나님이 우리 인생의 주인이시기 때문이다. 하나님이 기뻐하시는 인생을 살기 위함이다.

둘째, 당신은 하나님의 뜻을 다양한 방식으로 들으려 하고 있는가? 하나님의 뜻을 제대로 듣고 있다면 당신은 꾸준히 하나님의 인도하심과 도우심을 경험하고 있을 것이다. 만약 그렇지 않다면 하나님과의 관계가 단절되어 있을 가능성이 높다.

셋째, 당신은 하나님의 음성을 진실로 듣고 싶어 하는가? 많은 사람들이 하나님이 자기 인생에 개입하시지 않길 원한다. 자기 마음대로 살아가고 싶어 한다. 단지 급하고 아쉬울 때만 하나님을 찾고자 한다.

넷째, 당신은 온전하고 신속하게 순종하려는 태도가 있는가? 하나님의 음성이라는 확신이 들면 신속히 순종하려는 태도가 필요하다. 가끔 하나님의 뜻과 나의 뜻이 다를 때 순종하기 싫어 반복해서 여쭈어보는 경우가 있다. 하나님은 하나님을 떠보는 사람을 싫어하신다.

다섯째, 당신은 하나님을 진실로 사랑하는가? 이 모든 일을 하나님을 사랑하기 위해서 해야 한다. 오직 하나님을 기뻐하고 하나님을 영원토록 즐거워해야 한다.

이와 같이 자신의 영적 상태를 점검함으로써 하나님과의 교제가 원활하게 이루어지고 있는지, 하나님의 뜻을 오롯이 받아들일 준비가 되어 있는지 스스로 확인할 수 있을 것이다.

부족한 나에게 뭔가 자랑할 수 있는 것이 있다면 전적으로 하나님의 은혜이다. 일터사역의 이론과 실제를 가르쳐주신 방선기 목사님께 깊은 감사와 존경을 드린다. 원고를 처음부터 끝까지 여러 번 읽으면서 논지와 구조를 잡는 데 큰 도움을 준 원일 형제에게 진심어린 감사를 드린다. 하나님이 함께하신 삶을 간증으로 쓸 수 있도록 허락해주신 예함교회 식구와 동역자들께 감사를 드린다. 간증과 사례를 실을 수 있도록 허락해주신 진영대 목사님에게 깊은 감사를 전한다.

하나님의 나라를 위하여 물심양면으로 섬겨주시는 평북노회 강남시찰회 목사님과 장로님들께 깊은 감사를 드린다. 친구가 한 사람 목회하는 것을 기뻐하며 오랜 시간 후원해주고 있는 HD경영연구소 문대수 소장과 가족들에게 깊은 감사와 사랑을 전한다. 또 예함교회가 든든히 세워지도록 기도하며 후원해주시는 윤혜정 성도님께 깊은 감사를 드린다. 일터 속에 한 걸음 더 깊이 들어갈 수 있는 기회를 주신 가인지캠퍼스 김경민 대표님과 하열사(하나님의 방법으로 열매 맺는 사람들) 여러분께 깊은 감사와 사랑을 전한다. 이 책이 나오기까지 많은 분들이 도움을 주셨다. 귀한 이름을 일일이 거론하지 못함을 양해해주시길 바란다.

■ 하나님의 음성을 듣는 방법에 대한 다양한 연구

하나님이 말씀하시는 방법에 대해 많은 저자들이 연구를 했다.
• 조이 도우슨은 「하나님의 음성을 듣는 삶」에서 '성경' 외 24가지, 즉 '환상, 꿈, 천사, 손가락으로 쓰심, 무지개, 창조, 불기둥과 구름기둥, 소명하는 불, 초자연적인 표적, 환경, 우림과 둠밈, 제비뽑기, 마음속에 들려주시는 음성, 직접 귀에 들려주시는 음성, 성령의 은사, 음악과 시, 다른 사람, 동물의 왕국, 간증, 강한 확신과 평강, 성령님의 촉구, 성령님의 제지, 하나님의 만지심, 인상이나 느낌'으로 정리했다.
• 찰스 스탠리는 「하나님의 음성을 듣는 법」에서 '직접적인 계시, 꿈, 기록된 말씀, 선지자, 환경, 천사, 성령, 성경 말씀, 성령, 다른 사람들, 환경'을 통해서 음성을 들려주신다고 했다.
• 조이스 허기트는 「하나님의 음성 듣기」에서 '성경, 환상, 꿈, 음성, 천사, 자연, 상상력, 방언, 예언, 지혜와 지식의 말씀'이라는

방법을 제시했다.

- 홍성건 목사와 김미진 간사는 같이 쓴 책 「왕의 음성」에서 '성경, 성령의 내적 증거, 성령의 내적 음성, 성령의 외적 증거, 성령의 외적 음성' 이라는 방법으로 정리했다.

- 달라스 윌라드는 「하나님의 음성」에서 '꿈, 환상, 음성, 성경 말씀, 특별한 사건, 생각, 감정'을 통해 하나님이 말씀하신다고 했다. 특히 "하나님의 의사소통은 다양한 종류의 경험을 통해 주어지지만 세부적인 내용이나 의미는 언제나 내면의 음성 형태를 띤다"라면서 내면의 음성을 강조했다.

- 리처드 포스터는 「영적 훈련과 성장」에서 하나님은 보편적으로 '단체, 성경, 이성, 환경, 성령의 지시'를 통해 인도하시고, 예외적으로 '천사, 환상, 꿈, 표적'을 통해 인도하신다고 했다. 그는 특히 하나님이 공동체(단체)를 통해 그리스도의 몸 된 교회를 인도하시는 부분을 강조했다.

- 빙햄 헌터는 「프레어」에서 '기도, 음성, 마음의 감동, 꿈, 천사, 환상, 다른 사람, 성경 말씀, 경건의 시간, 평안, 환경의 변화' 등을 통해서 인도하신다고 말했다.

- 로렌 커닝햄, 제니스 로저스는 함께 쓴 책 「하나님, 정말 당신이십니까?」에서 '성경, 들을 수 있는 음성, 꿈, 환상, 내적 음성'을 통해서 하나님은 말씀하신다고 했다.

- 여주봉 목사는 자신의 설교에서 하나님의 음성을 들을 수 있

는 통로로 '성경, 설교, 내적 음성, 공동체의 조언, 신앙도서, 환경, 꿈, 환상'이라고 말했다.

• 문희곤 목사는 「하나님의 음성을 듣는 것은 은사가 아닙니다」에서 '귀, 꿈과 이상, 깨우침과 감동, 말씀이 생각남, 찔림, 제비뽑음, 손가락으로 쓰심' 등으로 정리했다.

이 내용을 일목요연하게 도표로 정리하면 다음과 같다.

저자, 저서	중분류	소분류
조이 도우슨 「하나님의 음성을 듣는 삶」	성경	
	보는 것	환상, 꿈, 천사, 손가락으로 쓰심, 무지개, 창조, 불기둥과 구름기둥, 소명하는 불, 초자연적인 표적, 환경, 우림과 둠밈, 제비뽑기
	듣는 것	마음속에 들려주시는 음성, 직접 귀에 들려주시는 음성, 성령의 은사, 음악과 시, 다른 사람, 동물의 왕국, 간증
	영이 받는 인상	강한 확신과 평강, 성령님의 촉구, 성령님의 제지, 하나님의 만지심, 인상이나 느낌
찰스 스탠리 「하나님의 음성을 듣는 법」	구약과 신약시대	직접적인 계시, 꿈, 기록된 말씀, 선지자, 환경, 천사, 성령
	오늘날	성경 말씀, 성령, 다른 사람들, 환경
조이스 허기트 「하나님의 음성 듣기」		성경, 환상, 꿈, 음성, 천사, 자연, 상상력, 방언, 예언, 지혜와 지식의 말씀

홍성건, 김미진 「왕의 음성」	성경	기록된 말씀, 말씀 묵상
	성령의 내적 증거	영의 감정 기능, 평안, 기쁨, 확신
	성령의 내적 음성	영의 지적인 기능, 마음에 들리는 음성
	성령의 외적 증거	환경
	성령의 외적 음성	꿈, 환상, 천사, 예언의 은사, 성령의 은사, 설교, 상담
달라스 윌라드 「하나님의 음성」	내면의 음성	꿈, 환상, 음성, 성경 말씀, 특별한 사건, 생각, 감정
리처드 포스터 「영적 훈련과 성장」	보편적 인도하심	단체, 성경, 이성, 환경, 성령의 지시
	예외적 인도하심	천사, 환상, 꿈, 표적
빙햄 헌터 「프레어」		기도, 음성, 마음의 감동, 꿈, 천사, 환상, 제3자, 성경 말씀, 경건의 시간, 평안, 환경의 변화
로렌 커닝햄, 제니스 로저스 「하나님, 정말 당신이십니까?」		성경, 들을 수 있는 음성, 꿈, 환상, 내적 음성
여주봉 포도나무 교회		성경, 설교, 내적 음성, 공동체의 조언, 신앙도서, 환경, 꿈, 환상
문희곤 「하나님의 음성을 듣는 것은 은사가 아닙니다」		귀, 꿈과 이상, 깨우침과 감동, 말씀이 생각남, 찔림, 제비뽑음, 손가락으로 쓰심

■ 참고 도서

마경훈, 「하나님의 음성」, 도서출판영성네트워크, 2013
문희곤, 「하나님의 음성을 듣는 것은 은사가 아닙니다」, 예수전도단, 2013
방선기, 「직장백서」, 두란노, 2007
여주봉, 「내발의 등」, 도서출판 새물결, 2013
유재덕, 「거침없이 빠져드는 기독교 역사」, 브니엘, 2018
이형기, 「세계교회사 1, 2」, 한국장로교출판사, 2002
조태성, 「하나님의 음성듣기」, 베다니출판사, 2013
최영찬, 「다시듣기」, 규장, 2011
홍성건&김미진, 「왕의 음성」, 규장, 2015

달라스 윌라드, 「하나님의 음성」, IVP, 2001
마크&패티 버클러, 「하나님의 음성을 듣는 방법」, 순전한 나드, 2010
로렌 커닝햄, 제니스 로저스, 「하나님, 정말 당신이십니까?」, 예수전도단, 2016
리처드 포스터, 「영적 훈련과 성장」, 생명의말씀사, 2001
마틴 루터, 「마틴 루터의 기도」, 브니엘, 2016
밥 포스터, 「불타는 세계 비전」, 네비게이토출판사, 2009
빌 하이벨스, 「너무 바빠서 기도합니다」, IVP, 2004
빙햄 헌터, 「프레어」, 규장, 1998
스티브 케이스, 「현대인을 위한 하나님의 임재연습」, 스텝스톤, 2007

워렌 위어스비, 「양심」, 나침반, 2009

자넷&제프 벤지, 「조지 뮬러」, 예수전도단, 2011

쟌느 귀용, 「예수 그리스도를 깊이 체험하기」, 생명의말씀사, 2002

제시 펜 루이스, 「영을 분별하는 그리스도인」, 예수전도단, 2010

조이 도우슨, 「하나님의 음성을 듣는 삶」, 예수전도단, 2011

조이스 허기트, 「하나님의 음성듣기」, 서로사랑, 2008

존 파이퍼, 「하나님을 들으라」, 두란노, 2014

찰스 스탠리, 「하나님의 음성을 듣는 법」, 두란노, 2010

톨스토이, 「구두 수선공이 만난 하나님」, 모퉁이돌, 1990

케네스 커티스 외, 「교회사 100대 사건」, 생명의말씀사, 2002

CAS 국제문서선교부 편저, 「5만 번 응답받은 뮬러의 기도 비밀」, 생명의말씀사, 1995

How?

특·별·수·록

작은 일상에서 만난 크신 하나님

작은 일상에서 만난 크신 하나님

10달러에 담긴 의미

시카고의 한 슬럼 가에서 사역하던 때의 일입니다. 당시 막 결혼한데다 사례비도 매우 적었고, 그나마 불규칙적으로 지불되어 생활에 큰 어려움을 겪고 있었습니다.

어느 날, 갑자기 10달러가 필요하게 되었습니다. 하지만 월급날까지는 아직 며칠 더 기다려야 했습니다. 여기저기서 변통하려고 애썼지만 결국 구하지 못했습니다.

그때 문득 한 사람이 떠올랐습니다. 그는 내가 재직하는 교회를 후원하는 모임에 참석하는 사람이었습니다. 평소에 그는 도움이 필요하면 언제든지 자신에게 전화하라고 친절하게 말했습니다. 그것은 내가 할 수 있는 마지막 선택이었습니다.

나는 그를 만나러 가기 전에 그 문제를 놓고 기도한 후 필요한 만큼의 돈을 요청할 생각으로 그의 사무실을 방문했습니다. 한 시간

이상 그의 사무실에 앉아 이런저런 이야기를 나누었지만 그를 방문한 진짜 목적에 대해서는 차마 입을 열지 못했습니다. 집으로 돌아오는 길에 내 모습이 너무나 초라하게 느껴졌습니다.

그런데 갑자기 전도해야 할 사람이 떠올라 그의 집으로 향했습니다. 돈과는 상관없는 순수한 방문이었습니다. 심방을 마친 후 집을 나서려고 할 때 그는 자신의 지갑에서 5달러짜리 지폐를 꺼내주면서 이렇게 말했습니다. "저는 목사님께서 저를 위해 드려주신 예배들에 대해 빚을 지고 있습니다."

나는 그에게 그것은 절대 빚이 아니라며 거절했지만 그는 꼭 받아야 한다고 강권했습니다. 나는 뜻밖의 곳에서 필요로 하던 돈의 절반을 얻은 것을 기뻐하면서 한편으로는 나머지 5달러를 어떻게 얻을지 궁리하며 집으로 돌아왔습니다.

그런데 한 친구가 집 현관에서 나를 기다리고 있었습니다. 내가 반갑게 다가가자 그는 5달러를 꺼내 내게 주면서 말했습니다. "이것은 자네가 몇 주 전에 내 동생을 위해 드려준 예배에 대한 사례라네. 자네를 만나면 주려고 며칠 동안 갖고 다녔다네."

나는 예배를 드려준 것에 대해 사례금을 받지 않는 것을 원칙으로 하고 있었기에 거듭 사양했습니다. 하지만 그가 거듭 그것을 받도록 재촉했기에 나는 그것을 받지 않을 수 없었습니다. 왜냐하면 그것이 내가 그토록 필요로 하던 10달러를 채워주시는 하나님의 방법임을 분명히 느낄 수 있었기 때문입니다.

> 작은 일상에서 만난
> 크신 하나님

두 갈래 길

나는 부모님을 부양하고 가정을 이끌어야 했기에 대학을 두 번씩이나 휴학했습니다. 두 번째 휴학은 6개월이나 지속되었습니다. 나는 그 당시 하나님의 부르심을 확신하고 있었습니다. 그리고 그 부르심에 응답하기 위해 철저히 준비해야 한다고 생각했습니다. 그러나 하나님의 부르심과 가정을 책임져야 하는 갈등 사이에서 마음의 평화가 깨지는 심각한 영혼의 아픔을 겪어야 했습니다.

신학기 개강이 가까워오자 내 마음의 갈등은 더욱 심해져 마치 바다 물결 위에 힘없이 이리저리 떠다니는 조각배처럼 위기 의식만 커져 갔습니다. 어떤 날은 학교로 돌아가는 것이 옳다고 여겨졌지만 그다음 날은 가정에 대한 의무를 지키는 것이 우선으로 여겨졌습니다. 아마 그때만큼 하나님의 뜻을 간절히 구했던 적도 없었을 것입니다. 나는 인생의 위기에 처해 있다 느꼈고, 내가 어떤 결정을 내리느냐에 따라 상황이 크게 달라질 거라고 생각했습니다.

나는 하나님의 뜻을 발견하기 위해 여러 가지 인간적인 노력과 방법을 시도했습니다. 한번은 종이를 반으로 접어서 찬반 목록을 만들고, 그 종이들을 찬반으로 분리된 봉투에 집어넣었습니다. 나는 주의 깊게 같은 크기의 종이와 같은 종류의 봉투, 그리고 각각의 종이 위에 같은 양의 내용을 적는 데 주의를 기울였습니다. 그런 다음 약국에 가서 가장 정밀한 저울에 그것들의 무게를 달아보고, 무게가 더 많이 나가는 쪽에 십자가 표시를 했습니다.

이런 인간적인 실험들로 며칠간은 마음의 평화를 누릴 수 있었습니다. 그러나 며칠이 지나지 않아 의심의 갈등이 전보다 더 심하게 일어났고, 나는 마치 공중에 떠서 발을 땅에 내려놓으려고 애쓰는 사람처럼 위태하게 느껴졌습니다. 친구들로부터도 아무런 도움을 받을 수가 없었습니다. 몇몇 친구들은 내 의무가 하나님의 부르심 쪽에 있다 충고했고, 또 다른 친구들은 가정이 우선이라고 충고했기 때문입니다.

개강하기 일주일 전 어느 날 밤, 나는 어떤 모임에 참석했다가 돌아오는 길에 하나님이 내가 현재 고민하는 문제를 완전하게 해결해주시기 전에는 한 걸음도 더 나아갈 수 없다는 생각에 사로잡혀 그 자리에 멈춰 섰습니다. 달이 무척 밝은 밤이었고, 시간은 자정쯤 되었습니다.

나는 그 자리에서 무릎을 꿇고 엎드렸습니다. 그리고 내가 그 문제에 대해 아무런 의지도 갖고 있지 않으며, 대학으로 돌아가든지, 집에 머무르든지 하나님의 뜻에 기꺼이 따르겠다고 기도 드렸습니다. 이렇게 나의 의지는 전적으로 포기한 채 참으로 하나님이 내 기도를 들으셨다는 느낌이 들 때까지 기도한 후 그 자리에서 일어났습니다.

바로 그때였습니다. 다시 걸음을 옮기려는 순간, 마치 곁에서 누군가가 내게 말해주는 것처럼 하나의 성경 구절이 선명하게 떠올랐습니다. 그 말씀은 그 순간까지 성경 어디에 기록되어 있는지조차 알지 못하던 말씀이었습니다. 그러나 마치 내가 오래 전부터 그 말씀을 알고 있었던 것처럼 분명하게 들려왔습니다.

"손에 쟁기를 잡고 뒤를 돌아보는 자는 하나님의 나라에 합당하지 아니하니라"(눅 9:62).

나는 드디어 마음의 평정을 되찾았습니다. 나는 곧 학교로 돌아갔습니다. 그날부터 졸업할 때까지 나는 단 한순간도 계속 공부하는 것의 옳고 그름에 대해 의심하지 않았습니다. 그리고 하나님은 내가 그 문제에 대해 더 이상 염려하지 않도록 가정의 어려움들을 해결해 주셨습니다. 하나님의 약속은 정말 참되고 신실하십니다.

> 작은 일상에서 만난
> 크신 하나님

전복 사고를 막은 기도

사우스캐롤라이나의 그린 빌과 조지아의 애틀랜타 시를 잇는 특급 열차를 운전하던 데이브 팬트라는 사람이 있었습니다. 그는 자기 분야에 있어서 능숙한 전문가였을 뿐만 아니라 가장 열심 있는 그리스도인의 한 사람으로 알려져 있었습니다. 그는 사장을 포함한 회사의 모든 사람으로부터 겸손하면서도 일 처리가 믿음직스럽고 기도에 충만한 영적인 사람으로 인정받고 있었습니다.

조지아 주의 토코아 시로부터 2마일 떨어진 곳에 작은 호텔이 있었습니다. 우리 가족이 그곳에서 휴가를 보내던 어느 여름, 데이브는 당시에도 급행 열차를 운행하고 있었습니다. 그가 운전하는 기차는 밤 10시경, 호텔 근처를 달리게 되어 있었습니다. 그는 내가 그곳에 머문다는 사실을 알고 내게 이렇게 말했습니다.

"밀러, 내가 그 근처를 통과하게 될 때 경적을 울리겠네. 자네가 그 소리를 듣게 되거든 내가 자네를 위해 기도하고 있는 것으로 알 게나."

나 역시 그곳에 머무는 동안 잠자리에 들기 전에 그 기적 소리를 듣기 위해 호텔 베란다로 나가 기관실에 있는 데이브를 위해 기도를 드렸습니다.

얼마 후 데이브의 업무시간이 바뀌어 오후에 그곳을 지나는 열차를 운행하게 되었습니다. 우리의 기도는 여전히 이어졌습니다.

어느 날, 그는 정해진 속력으로 커브 길로 들어서다가 선로가 변경된 것을 알아차리게 되었습니다. 멀리 앞에서 선로 수리공들이 선로를 수리하느라 예고도 없이 일부 선로를 변경한 것이었습니다. 막다른 선로에 들어선 것을 안 데이브는 화부를 불러 뛰어내리라고 지시했습니다. 화부는 가파른 언덕으로 굴러 떨어져 타박상만 입은 채 살아날 수 있었습니다. 하지만 데이브는 기차가 곧 레일에서 탈선할 것을 알면서도 자신의 자리를 지켰습니다.

기차가 달리는 속도나 커브 방향으로 봤을 때 오른쪽 절벽 아래로 전복될 것이 분명했습니다. 그런데 데이브가 급제동을 걸자 어찌된 일인지 왼쪽으로 쓰러졌습니다. 데이브가 창문으로 빠져나와 기관차 위로 올라갔을 때 그는 자신이 다치지 않은 것은 물론 침대 칸도 전복되지 않았고, 단 한 명의 승객도 상처 입지 않은 것을 알 수 있었습니다. 맨 뒤칸에 타고 있던 차장은 후에 시끄러운 굉음이 나서 밖을 내다보니 마치 거대한 밧줄이 기차가 절벽 쪽으로 굴러 떨어지는 것을 막고 있는 것처럼 보였다고 그때의 상황을 증거했습니다.

신문에서 전복 사고에 대한 기사를 본 나는 애틀랜타에 있는 그의 집으로 시편 91편 11절 말씀이 적힌 전보를 쳤습니다. "그가 너를 위하여 그 천사들을 명령하사 네 모든 길에 너를 지키게 하심이라." 놀랍게도 같은 날, 데이브는 일간 신문에서 전복 사고 기사를 오려 우편으로 부치면서 마지막에 시편 91편 11절 말씀을 적어 보내왔습니다. 하나님은 우리의 기도에 대한 응답으로 그에게 구원의 천사들을 보내주셨던 것입니다.

얼마나 놀라운 일입니까? 우리 하나님은 수많은 밤, 정확한 지점에서 그의 신실한 종이 드린 기도와 똑같은 시간에 다른 친구가 함께 드린 기도를 기억하셨습니다. 결국 우리의 기도가 쌓여 절박한 죽음의 순간에 위대하고 강력한 구원이 그에게 보내질 수 있었습니다.

데이브는 아직도 애틀랜타 시 캐피탈 가 400번지에 살고 있습니다. 그리고 여전히 기관차를 운행하며 하나님을 위해 기도하면서 일하고 있습니다. 나 역시 가는 곳마다 설교 중에 그의 믿음과 하나님의 응답에 대한 이야기를 합니다. 그리고 이 간증을 통해 다른 많은 사람들로 하여금 하나님께 계속해서 부르짖도록 격려하고 있습니다.

작은 일상에서 만난
크신 하나님

잘못 구워진,
그러나 하나님의 뜻대로 구워진 빵

내가 약 1천 2백 명 정도의 주민이 사는 조그만 도시에서 사역할 때의 일입니다. 나와 아내는 현금이 없으면 아무것도 사지 않기로 규칙을 정해 놓고 있었습니다. 그리고 돈이 없어도 하나님 아버지 외에는 아무에게도 우리의 개인적인 필요를 말하지 않는다는 원칙도 정해 놓고 있었습니다.

어느 여름날, 우리 집에 몇몇 목사 부부와 귀한 친구들이 찾아왔습니다. 처음 있는 일은 아니었지만 그날도 우리에게는 돈이 한 푼도 없이 바닥나 있었습니다. 게다가 식품 저장실에는 밀가루도 없어 아침 식사 때 빵조차 내놓을 수 없었습니다.

그러나 나와 아내는 그 상황을 손님들에게 비밀에 부치기로 한 뒤 하나님께 기도를 드렸습니다. 돈도, 밀가루도 없이 오전이 지났습니다. 정오가 되자 아내는 빵도 없이 몇 가지 채소와 수프만으로 점심 식탁을 차렸습니다. 우리는 하나님을 완전히 신뢰했지만 마음이 불안한 것은 사실이었습니다.

아이들이 학교에서 돌아올 때가 되어 창문으로 지켜보고 있던 나는 맏아들 아더가 팔에 꾸러미 하나를 들고 오는 것을 보았습니다. 집에 들어온 아이에게 그게 뭐냐고 물어보았습니다. 아더의 말에 의하면 하교 길에 어떤 아주머니가 그를 불러 집으로 들어오라 했다고 합니다.

"아더, 이 빵을 어머니께 갖다드려라. 나도 어찌된 일인지 모르겠다만 반죽을 부풀릴 때 잘못해서 너무 많은 빵을 구웠구나."

하나님이 그녀에게 필요한 것보다 두 배의 빵을 굽게 하신 것입니다. 그날 저녁 우리는 손님들과 맛있는 빵을 나눌 수 있었습니다.

"또 우리 사람들도 열매 없는 자가 되지 않게 하기 위하여 필요한 것을 준비하는 좋은 일에 힘 쓰기를 배우게 하라"(딛 3:14).

작은 일상에서 만난 크신 하나님

하나님이 계획하신 여행

　한번은 아내와 함께 내가 목회하고 있는 곳으로부터 약 100마일 떨어진 어느 도시에서 열리는 집회에 참석하기로 했습니다. 그것이 하나님의 뜻이라는 확신이 들었기 때문입니다. 하지만 우리는 기차표는 물론 약 18마일 가량 떨어진 기차역까지 갈 차비조차 전혀 없는 상태였습니다. 우리는 오직 하나님께 기도로 우리의 필요를 간구했습니다. 우리는 하나님이 그곳까지 갈 수 있는 방법을 보여주실 것이라는 확신을 가지고 그분을 찬양하며 여행 가방을 꾸렸습니다.

　바로 그날, 나는 500마일 떨어진 곳에 있는 성도들로부터 여행에 필요한 만큼의 돈이 동봉된 편지를 받았습니다. 편지에는 자신들이 함께 기도하는 동안 그들의 마음이 우리에게로 향했고, 성령께서 자신들로 하여금 즉시 우리에게 얼마의 돈을 보내도록 강권하셨다고 적혀 있었습니다. 얼마 뒤에는 누구의 부탁도 받지 않은 한 사람이 성령의 인도하심을 받았다며 18마일 떨어진 곳에 있는 역까지 우리를 데려다주겠다고 찾아왔습니다.

우리는 출발하기 전날, 기차가 오전 11시에 출발한다는 사실을 확인했고, 당일 오전 10시에 기차역에 도착했습니다. 그런데 어떻게 된 일인지 우리가 역에 도착하기도 전에 기차는 이미 떠나고 없었습니다. 우리가 확인한 대로라면 한 시간의 여유가 있었는데도 말입니다.

역장 말에 의하면 바로 그날 아침에 출발시간이 오전 11시에서 10시로 변경되었다는 것이었습니다. 나는 하나님이 우리를 여기까지 인도해 오셨음을 확신하면서도 기차를 놓친 사실에 대해 당혹감을 감출 수 없었습니다. 500마일이나 떨어진 곳에 있는 사람들의 마음을 움직이셔서 집회에 참석할 수 있도록 여행비를 보내신 하나님께서 기차가 평소보다 한 시간 일찍 떠나게 되었다는 사실을 우리에게 말씀해주셔서 일찍 서두르도록 하실 수도 있었을 거라 생각되었기 때문입니다.

우리는 하나님이 아무런 감동을 주지 않으신 것은 잠잠히 서서 다음 지시를 기다리라는 의미임을 깨닫고 아내와 함께 역에서 조용히 기도를 드렸습니다. 기도하는 동안 내일이면 하나님이 왜 우리로 하여금 기차를 놓치게 하셨는지를 알게 될 것이라는 확신을 얻었습니다.

다음날 아침, 우리는 다음 기차를 타고 중간에 LA행 간선철도로

특별수록 : 작은 일상에서 만난 크신 하나님 | 215

바꿔 탔습니다. 우리가 막 기차에 올라타는데 누군가가 내게 다가오더니 눈물을 흘리며 이렇게 말했습니다.

"우리의 기도에 응답하신 하나님을 찬양할지어다."

그는 자신이 멕시코 사역지에 있는 동안 하나밖에 없는 아이가 죽었는데, 아내와 함께 장례식을 치르기 위해 캘리포니아로 가는 도중에 세관에 억류되었다고 했습니다. 그들은 말할 수 없는 슬픔과 고독감 속에 내일 중으로 자신들을 위로할 사람을 보내달라고 하나님께 기도했고, 기도가 응답될 거라는 확신으로 위로를 받았다며 고백했습니다. 그리고 우리가 기차에 올라타자 성령께서 그들에게 "저들이 바로 너의 기도에 대한 응답으로 온 사람들이다"라고 말씀하셨다는 것입니다.

성령은 우리에게도 동일하게 "이들이 바로 어제 너희가 기차를 놓치게 된 이유다. 너희는 사역지에서 치유하기 어려운 상처를 입은 하나님의 상심한 종들을 위로하라"고 말씀하셨습니다.

우리는 항상 하나님을 신뢰하도록 인도받아야 합니다. 그리고 우리의 실망 속에는 하나님의 또 다른 계획이 숨어 있음을 깨달아야 합니다.

"너희가 내 이름으로 무엇을 구하든지 내가 행하리니 이는 아버지로 하여금 아들로 말미암아 영광을 받으시게 하려 함이라. 내 이름으로 무엇이든지 내게 구하면 내가 행하리라"(요 14:13-14).

작은 일상에서 만난
크신 하나님

세 번의 응답

　신앙이 돈독한 사람이 있었습니다. 그는 열심히 기도하는 가운데 의롭게 살려고 노력했습니다. 그는 세상 사람들과의 접촉을 피하는 것이 죄를 덜 짓는 길이라 생각하고 언덕 위에 따로 집을 짓고 살았습니다.

　그러던 어느 날, 비가 내리기 시작했습니다. 처음에는 그냥 비가 오나 보다 했는데 비는 그칠 줄을 몰랐습니다. 홍수주의보가 발표되었고, 라디오에서는 빨리 안전지대로 피하라는 방송이 계속되었습니다. 다른 사람들은 모두 안전한 곳으로 피난을 갔지만 이 사람은 하나님께 기도만 드렸습니다.

　"하나님, 이 홍수에서 우리 집과 재산, 그리고 가족들의 생명을 구원해주옵소서."

　기도가 끝나갈 무렵 누군가 문을 두드리는 소리가 들려 나가보

앗습니다. 트럭을 몰고 온 어떤 청년이 빨리 트럭에 올라타라고 재촉했습니다. 함께 안전지대로 피하자는 것이었습니다. 하지만 그는 하나님이 자신과 가족을 직접 구원해주실 것이라며 트럭을 돌려보냈습니다. 그러고는 다시 기도를 시작했습니다.

"하나님, 노아의 가족을 구하셨듯이 우리 가족도 구원해주옵소서."

비는 억수같이 쏟아져 그의 집이 있는 언덕 바로 밑까지 물이 차올랐습니다.

그때 또다시 문을 두드리는 소리가 났습니다. 나가 보니 어떤 사람이 조그만 보트를 타고 와서 함께 가자고 청했습니다. 그러나 그는 커다란 방주라면 몰라도 그 조그만 보트에는 탈 수 없다고 생각했습니다. 노아가 온 가족과 재산을 구원했듯이 식구들과 재산을 모두 구하기 위해 그는 보트에 타는 것을 거절했습니다. 그리고 계속해서 기도했습니다.

"구하라. 그리하면 주시리라 약속하셨으니 구원해주옵소서."

한참을 기도하고 있는데 지붕 위에서 요란한 소리가 들려왔습니다. 드디어 하나님이 직접 오셔서 구원해주시는가 싶어 나가 보니 헬리콥터 한 대가 지붕 위에 밧줄을 내려주더니 빨리 잡으라고 소리쳤습니다. 그러나 그는 밧줄에 매달릴 수가 없었습니다. 밧줄보다는 조그만 보트가 낫고, 보트보다는 트럭이 좋았기 때문입니다. 결국 그는 헬리콥터에서 내려준 밧줄을 거절했습니다.

마침내 언덕은 물바다로 변했고, 그의 집은 물에 잠겨 무너졌습니다. 그와 그의 가족도 물에 빠져 죽었습니다. 다행히도 그는 죽어서 예수님 앞으로 인도되었습니다. 그는 예수님을 보자마자 화가 나서 따졌습니다.

"제가 얼마나 열심히 기도를 드렸는데 이러실 수 있습니까?"

그러자 주님은 이렇게 말씀하시며 그를 꾸짖으셨습니다.

"이 고집쟁이야, 내가 세 번이나 너를 구원하려고 트럭도 보내고, 보트도 보내고, 헬리콥터도 보냈는데 네가 거절했으면서 무슨 소리냐!"

작은 일상에서 만난
크신 하나님

부자 아빠

좌절감에 깊이 빠진 한 사람이 목사를 찾아와 신앙 상담을 했습니다. "목사님, 저는 교육도 많이 받지 못했고, 부모님께 상속받은 재산도 없으며, 몸도 건강하지 못합니다. 저는 항상 열등 의식과 좌절감, 자학 속에서 살아왔습니다. 하나님이 이렇게 천한 제게 무슨 복을 주시겠습니까?"

목사는 그에게 다음과 같은 이야기를 해주었습니다.

어느 날, 미국 시카고의 한 호텔에 노신사 한 사람이 들어와 안내를 맡고 있는 직원에게 다가왔습니다.

"이 호텔에서 제일 값이 싼 방으로 안내해주시오."

그런데 직원이 노인을 자세히 보는 순간 그만 깜짝 놀라고 말았습니다. 다름 아닌 당대의 유명한 거부, 록펠러였기 때문이었습니다. 그는 "록펠러 씨가 아니십니까?" 하고 물었고, 노인은 그렇다고 대답했습니다.

그러자 직원이 의아해 하며 물었습니다.

"아니, 당신의 아들은 우리 호텔에 오면 언제나 제일 비싼 방을 달라고 하는데 어떻게 당신은 제일 싼 방을 찾습니까?"

록펠러는 안경 너머로 그를 조용히 바라보면서 이렇게 대답했습니다.

"내 아들에겐 나 같은 부자 아버지가 있지만 내게는 그런 아버지가 없다오."

이야기를 마친 목사가 실의에 빠진 사람에게 물었습니다.

"형제는 자신을 비천하다고 생각하지만 형제의 아버지가 얼마나 부자인 줄 아십니까?"

실의에 빠진 사람이 놀라며 되물었습니다.

"아니, 제 아버지가 부자라뇨?"

"형제는 예수님을 믿습니까?"

"네, 믿습니다."

"형제는 하나님을 아버지라고 부르지요?"

"네, 부릅니다."

"하나님 아버지가 얼마나 부유하고 존귀한 분이십니까? 형제는 바로 그 부자 아버지의 아들이란 말입니다."

작은 일상에서 만난
크신 하나님

감자와 기도

한 노파가 낡은 의자에 앉아 있었습니다. 그는 주름진 얼굴에 헝클어진 머리, 몹시 고픈 배를 움켜쥔 구부정한 모습이었습니다. 몇 날 며칠이고 그 의자에 앉아 그녀가 먹던 식사는 오직 하나, 감자뿐이었습니다. 그런데 이제 싫든 좋든 그 감자마저 다 떨어져버리고 말았습니다. 자루에 감자가 한 알도 남아 있지 않은 것을 본 노파는 한숨을 쉬었습니다.

"어쩌면 좋을꼬. 누구한테 가서 감자를 얻어오나?"

그때 갑자기 길 건너에 사는 집사 한 사람이 생각났습니다. 그 집사는 예배드리는 일과 기도하는 일에 열심일 뿐 아니라 지하실에 감자도 잔뜩 가지고 있었습니다. 노파는 '사람을 보내서 그 집사를 좀 오라고 해야겠다. 그 사람은 감자를 많이 갖고 있으니 그중 얼마를 내게 줄 수 있을 거야'라고 생각했습니다.

사람을 보내자 그 집사는 곧장 노파의 집으로 달려왔습니다. 그는 오면서 '내가 저 노인을 위해 해드릴 수 있는 일이 무엇일까?' 하고 생각했습니다. 물론 감자에 대한 이야기를 꺼내리라고는 꿈에도 생각하지 못한 채 말입니다.

노파의 집에 도착한 그는 그녀에게 무엇이 가장 필요하냐고 물었고, 순박한 노파는 그가 자기 청을 들어주리라 생각하고 즉시 "감자요"라고 대답했습니다.

그러나 그 집사는 지금까지 그렇게 해본 적이 없어 당황했습니다. 그는 자기 집에 잔뜩 쌓여 있는 감자를 다른 사람들에게 나누어 주기보다 설교하고 기도하는 일에 더 주력해오던 사람이었습니다. 따라서 그 노파가 한 말이 귀에 잘 들어오지 않았습니다.

그는 하나님께 지혜와 인내와 은혜를 달라고 간구했습니다. 그가 "주여, 이분에게 평강을 주옵소서"라고 기도하자, 그 노파는 한숨을 쉬며 "감자를 주옵소서"라고 웅얼거렸습니다. 그 집사는 난감해졌습니다. '이 일을 어찌해야 좋단 말인가. 기도하는데 도대체 감자 소리를 왜 하는 건지.' 그는 창피하기까지 했습니다.

그래서 황급히 기도를 마치고는 집으로 돌아가려고 일어섰습니다. 그러나 그 집 문을 나서는데, 마음속 깊은 데서부터 "배고픈 자에게 감자를 주어라"는 소리가 들려왔습니다. 그 소리는 그가 그의 집에 당도해서도, 한밤중에 자는데도 계속 들려왔습니다. "배고픈 자에게 감자를 주어라."

그 소리에 더 이상 견딜 수 없게 된 그는 한밤중에 일어나 옷을 차려 입고 지하실로 내려가 잔뜩 쌓여 있는 감자 중 가장 좋은 것들을 골라 한 포대를 급히 담았습니다. 그러고는 그것을 들고 외로운 노파의 오두막집으로 갔습니다. 노파는 잠이 오지 않아 문도 잠그지 않은 채로 있었습니다. 집사가 들어가 가지고 간 자루 속의 감자들을 마룻바닥에 쏟아놓자 노파는 기뻐서 어쩔 줄 몰라했습니다. 이제 그녀의 얼굴은 초췌해 보이지도, 파리해 보이지도 않았습니다.

집사가 "자, 이제 우리 함께 기도할까요?"라고 말하자, 노인은 그제서야 "그럼요, 집사님이 하세요"라고 대답했습니다. 그 집사는 감자와 함께 쏟아져 나온 모래들이 여기저기 흩어져 있는 마룻바닥 위에 무릎을 꿇었습니다. 기도를 하는데 그런 진실된 기도를 해보기는 생전 처음이라는 생각이 들었습니다. 이제는 당황하거나 부끄럽지도 않고 기도가 술술 나왔습니다. 그 기도는 자유로워진 영으로부터 흘러나오는 아름다운 기도였기 때문입니다. 그리고 노인은 집사의 기도에 대해 "아멘!"으로 화답했습니다. 이제 감자 이야기는 더 이상 하지 않았습니다.

당신도 가난한 자들을 위해 기도합니까? 그런데 혹시 기도만 하지는 않습니까? 좋습니다. 기도해주십시오. 그들에게 평강과 은혜, 영적인 양식과 지혜를 주시고, 또 그들을 인도해달라고 기도하십시오. 그러나 감자를 주는 것 또한 결코 잊지 마십시오!